Die Gebräuche und Einrichtungen
der Zürcher Kirche

De RITIBUS Et INSTITUTIS ECCLESIÆ TIGURINÆ,

LUDOVICI LAVATERI Opusculum.

Denuo recognitum & auctum.

Augustin. Ep. 86.

Sit nobis una fides, etiamsi ipsa fidei unitas diversis quibusdam observationibus celebratur, quibus nullo modo, quod in fide verum est, impeditur. Omnis enim pulchritndo filiæ regis intrinsecus: Illæ autem observationes, quæ variè celebrantur, in ejus veste intelliguntur, unde ibi dicitur: In fimbreis aureis circum amicta *varietate*: Sed ea quoque vestis ita diversis celebrationibus varietur, ut non adversis contentionibus dissipetur.

TIGURI,
Typis DAVIDIS GESSNERI,
MDCCII.

Ludwig Lavater

*Die Gebräuche und Einrichtungen
der Zürcher Kirche*

Erneut herausgegeben und erweitert von
Johann Baptist Ott

Übersetzt und erläutert von
Gottfried Albert Keller

ZUR EINFÜHRUNG

Zehn Jahre, nachdem Heinrich Bullinger 1549 mit Calvin den Consensus Tigurinus geschlossen und so die Sache der Reformierten entscheidend gestärkt hatte, gab Ludwig Lavater eine kleine Schrift über die Zürcher Kirche, ihre Gebräuche und Einrichtungen in lateinischer Sprache heraus, die erste systematische Darstellung der reformierten Kirche Zürichs, die wir besitzen.

Ludwig Lavater wurde am 1. März 1527 auf Schloß Kyburg geboren, wo sein Vater Hans Rudolf Lavater als Landvogt amtete. 1538 kam der elfjährige Knabe in die Schule zu Kappel, darauf in Zürich, wo sein Vater 1544 zur Würde des Bürgermeisters aufgestiegen war, zu Otto Werdmüller als Privatschüler. Werdmüller (1513–1552) war ein junger Theologe, der in Wittenberg bei Melanchthon studiert hatte. 1545 ging Lavater zu Studien nach Straßburg und Paris, später noch nach Lausanne. Nach einer Italienreise kehrte er nach Zürich zurück und begann die Laufbahn eines Dieners der Kirche. Schon mit 23 Jahren wurde er 1550 Archidiakon am Großmünster und Chorherr. Im gleichen Jahr heiratete er Margareta Bullinger.

Während vollen 36 Jahren widmete er sich seinen Pflichten als Prediger, zweimal bekleidete er außerdem das Amt eines Schulherrn. Er verfaßte neben zahlreichen theologischen Schriften (Predigten und Kommentaren) eine Arbeit ‹De spectris, lemuribus et magnis atque insolitis fragoribus variisque praesagitationibus, quae plerumque obitum hominum, magnas clades mutationesque imperiorum praecedunt›, deutsch unter dem Titel ‹Von Gespenstern, Nacht-

geistern, mancherlei wundersamen Erscheinungen und merkwürdigen Vorbedeutungen› erschienen. Das Buch wurde nicht nur immer wieder nachgedruckt, sondern auch ins Englische, Französische und Niederländische übersetzt. Ähnlich erfolgreich war eine Schrift Catalogus omnium fere cometarum, qui ab Augusto usque ad hunc 1556. annum apparuerunt, ‹Katalog fast aller Kometen, die seit Kaiser Augustus bis zu diesem Jahr 1556 erschienen sind›. Eine weitere Arbeit galt der Geschichte des Abendmahlsstreites, Historia originis et progressus controversiae sacramentariae de coena Domini ab a. 1523 usque ad a. 1563 deducta, auch deutsch gedruckt als ‹Historia oder Geschicht von dem Ursprung und Fürgang der großen Zwyspaltung so sich zwüschend D. Martin Luthern und Huldrychen Zwinglio von wägen des Herren Nachtmahls gehalten hat›. Schließlich verfaßte Lavater noch eine Biographie seines Schwiegervaters Heinrich Bullinger und begann, dessen Schriften herauszugeben.

Als gegen Ende des Jahres 1585 Rudolf Gwalter, der amtierende Obrist-Pfarrer, d.h. der Leiter der Zürcher Landeskirche (später Antistes genannt) zurücktrat, wurde Lavater sein Nachfolger, doch war es ihm nur ganz kurze Zeit vergönnt, dieses höchste Amt auszuüben, starb er doch bereits am 15. Juli 1586.[1]

Sein Büchlein über die Zürcher Kirche, das 1559 bei Froschauer erstmals erschienen war, erlebte 1567 eine Neuauflage und blieb die einzige Zürcher Kirchenkunde, so daß es nicht unverständlich ist, daß es im Jahre 1702 ein weiteres Mal herausgegeben wurde, und zwar von Johann Baptist Ott, der sich aber entschloß, jedes der kurzen Kapitel Lavaters mit einem Kommentar zu versehen, um die seitherige Entwicklung darzustellen und auch etwa den Sachverhalt genauer zu schildern. So kommt es, daß die hier erstmals auf Deutsch vorgelegte Ausgabe des Buches von Ludwig Lavater und Johann Baptist Ott, ‹De ritibus et institutis ecclesiae Tigurinae›[2] in jedem Kapitel zweigeteilt ist: Zuerst liest man den Text Lavaters, darauf folgt der 143 Jahre jüngere Kommentar Otts (in Kursivdruck).

Johann Baptist Ott war der Sohn von Hans Heinrich Ott, Pfarrer in Zumikon und Dietlikon, der seit 1651 als Professor eloquentiae und seit 1668 als Professor der Kirchengeschichte wirkte. Er wurde am 11. November 1661 geboren, studierte Theologie, wurde 1690 Diakon zu Stein am Rhein, 1691 Pfarrer in Zollikon, 1702 Professor des Hebräischen am Carolinum, 1706 Leutpriester am Großmünster und 1715 Archidiakon daselbst. Er schrieb viele theologische Werke und hinterließ der Zürcher Stadtbibliothek ein Schriftsteller-Lexikon von 50 Quartbänden. Er starb am 3. Oktober 1744.[3]

Erst 1793/94 erfuhr die Zürcher Kirche wieder eine kompetente Darstellung durch Johann Jacob Wirz in seinem zweibändigen Werk ‹Historische Darstellung der urkundlichen Verordnungen, welche die Geschichte des Kirchen- und Schulwesens in Zürich betreffen›. Dieses ist bis heute die zuverlässigste Grundlage aller einschlägigen Studien geblieben.

Eine moderne Zürcher Kirchenkunde schuf schließlich 1954 Gotthard Schmid: ‹Die Evangelisch-reformierte Landeskirche des Kantons Zürich, eine Kirchenkunde für unsere Gemeindeglieder›.

IOH. BAPTIS- TA OTTIUS
Natus 1661.   V.D.M.1681. Diaconus
in Stein 1690. Pastor   in Zollikon 1691.
Diacon in Templo   Carolino 1706.
Archi Diaconus &   Canon. Tigur. 1715.

JOHANN BAPTIST OTT VON ZÜRICH

Gruß zuvor seinem christlichen Leser!

Wie die Gärten im holden Frühling in der Regel nicht in einer einzigen Blumenart, sondern in solchen verschieden an Farbe, Größe, Glanz und Duft erstrahlen, und wie jene Verschiedenartigkeit, weit entfernt, etwas Trauriges aufzuweisen, viel eher dem Gesichts- und Geruchssinn zu größerer Bereicherung und Unterhaltung dient, sofern nur die giftigen und schädlichen Pflanzen ausgetilgt werden, so etwa läßt sich auch im Garten der reformierten Schweizer Kirchen, was ihre Gebräuche anbelangt, eine gewisse Verschiedenartigkeit beobachten, die jedoch nicht nur kein Ärgernis in gefestigten Seelen hervorruft, sondern, je größer sie ist, einen desto augenfälligeren Beweis vollster Freiheit in Äußerlichkeiten bietet.

Und was im besonderen die Zürcher Kirche und Schule anbelangt, wird vielleicht vielen die vorliegende Arbeit überflüssig erscheinen, da ja Ludwig Lavater vor 150 Jahren sich dieser ganzen Mühe unterzogen hat durch Herausgabe einer gediegenen Abhandlung über die Gebräuche der Zürcher Kirche, die bis heute hochgehalten werden. Da aber manches die Zeit selbst ein wenig ändert, anderes einer eingehenderen Beleuchtung bedarf, werde ich auf Bitten meiner Freunde, indem ich mich streng an den Autor halte, darstellen, welches die moderne Gestalt dieser unserer Kirche ist. Dabei werde ich allerdings Begründungen, Überlegungen, Beweismittel und einen Vergleich mit anderen Kirchen geflissentlich beiseitelassen, damit das Werk, dem nur wenige Seiten bestimmt sind, sich nicht zu einem ganzen Band auswachse.

Der geneigte Leser möge wissen, daß bei diesem ganzen Vorhaben uns nichts angehört als unser Name; denn ob man die erste Darstellung jenes Mannes betrachtet, so schicken wir immer den wörtlichen Text von Ludwig Lavater, dem hochberühmten Theologen und Antistes der Zürcher Kirche, in einzelnen Abschnitten in Kursivdruck* (so nennen es die Buchdrucker) voraus und lassen unsere Bemerkungen anschließen, oder ob man diesen modernen Teil betrachtet, so ist dies meistens in ebensoviel Worten in monatlichen Disputationen unserer hochberühmten Theologen, die sie seit zwanzig Jahren mit den jüngeren Dienern am Wort zu halten begonnen haben, verstreut enthalten; oder ob man den Anlaß dieser Schrift betrachtet, so gaben ihn einerseits die Seltenheit des hochgelobten Werkleins unseres obgenannten Lavater, das nicht nur schwierig, sondern überhaupt nicht mehr zu finden ist, obwohl es zu seiner Zeit zu wiederholten Malen aufgelegt worden war, was nicht nur aus der Jahresangabe, sondern auch aus dem unterschiedlichen Umbruch der Seiten und Wörter hervorgeht, andrerseits recht zahlreiche Briefe von auswärts, dazu die inständige Mahnung des hochedlen Barons de Hales, der uns mit einigem Recht immer wieder darum bat; oder ob man endlich den Blick auf das eigentliche Ziel der Abhandlung richtet, so wird die Darstellung selbst einen lehren, daß streitsüchtiger Starrsinn und abergläubische Aufgeblasenheit einerseits unsern Kirchen fernliegt, daß wir andrerseits nicht darauf ausgehen, als ob wir andern unsere Gebräuche aufzudrängen gedächten und beabsichtigten, der Kirche in den Äußerlichkeiten dasselbe Aussehen zu geben. Dies nämlich halten wir weder für notwendig noch für heilsam, da ja so die eigene

*In dieser Ausgabe ist der Text Lavaters normal, derjenige Otts kursiv gesetzt.

Freiheit der Kirche nicht Bestand hätte und, selbst wenn sie alle ihre Gebräuche in jeder Beziehung vereinheitlichten, so würde das jedenfalls die wahre Einheit der Kirche noch nicht begründen, die vielmehr auf dem festen Bau der Gläubigen beruht, die als lebendige Bausteine über Christus, dem einzigen Felsen des Heils, vermittels des wahren Glaubens, dessen sicheres Kennzeichen es ist, in der Nächstenliebe wirksam zu sein, auferbaut sind, und dessen fundamentale Artikel unser Helvetisches Bekenntnis aufgrund des einzigen Ursprungs der Religion aufstellt. Nachdem diese Fundamente einmal gut errichtet sind, wird der Bau der Kirche gegen des Satans Listen, des Antichrists Bemühungen und der Fanatiker Rasen unerschüttert bestehen, was auch immer das äußere Bild der kirchlichen Gebräuche sein wird, da ja nicht der äußere Anstrich, sondern das Fundament die Festigkeit eines Gebäudes ausmacht.

Aber dennoch verdient die Betrachtung eben dieser Zeremonien nicht, überflüssig oder unnütz genannt zu werden, da ja der Apostel will, alles in der Kirche solle schicklich und ordnungsgemäß geschehen; und gerade aus dieser Beschreibung möge klar werden, wie ungerecht die Beschuldigung der Gegner ist, die, weil wir nicht gewillt sind, uns weiterhin unter das Joch der Knechtschaft zu beugen, behaupten, wir hätten jedes Joch völlig abgeschüttelt. Viele sehr fromme Männer zur Zeit unserer Vorfahren waren durchaus nicht dieser Meinung, von denen für den geneigten Leser Theodor Bitter zitiert sei, ein Mitschüler unseres Bullinger in seiner Wanderzeit, Schulmeister der Ursulinerinnenschule (ich glaube in Köln). Dieser schreibt im Jahr 1560 an ihn folgendes: ‹Ich danke für die mir jüngst zugesandten «Gebräuche der Zürcher Kirche». Ich wünschte, ein solches oder ähnli-

ches Büchlein auch über unsere Kölner Kirche übersenden zu können.›

Wir dürfen hoffen, die kirchlichen Gebräuche der übrigen Städte und Orte der Schweiz und Rhaetiens auch bald dargestellt zu sehen, und während wir in dieser Erwartung verharren, sei dem geneigten Leser mitgeteilt, was in dieser Angelegenheit im Jahre 1531 in einer Versammlung zu Basel zur Erwägung unterbreitet wurde. Dort erschienen die Abgesandten von Zürich, Bern, Schaffhausen, St.Gallen, Konstanz und Straßburg; und es wurde beschlossen, man müsse sich zwar schon jetzt um die Einheitlichkeit der kirchlichen Zeremonien bemühen, wo es sich um den Lauf des Evangeliums und die überall zu fördernde Verbreitung der reinen Lehre handelt, aber nicht so, daß hierin der wichtigere Teil bestehen solle. Die Handhabung der kirchlichen Gebräuche müsse nämlich so erfolgen, daß sie die Gemeinschaft der Kirchen wie durch ein gemeinsames Band befördern; aber nicht so, daß jemand sein Vertrauen auf zeitliches und ewiges Heil auf sie setze, da uns dieses ja nur durch Jesus Christus, wenn wir ihn im wahren und in der Nächstenliebe wirksamen Glauben empfangen haben, zuteil wird. Und da die Riten der Kirchen möglichst zur Aufrichtung der Schwachen dienten, sei in allem auf sie zuerst Rücksicht zu nehmen und auf jene Gleichförmigkeit in Äußerlichkeiten sei in Zukunft nicht noch strenger zu drängen, sondern es sei vielmehr allmählich gegenseitig zu bezeichnen, was den Kirchen gut scheinen möchte. Sie waren der Meinung, daß man sich zu diesem Zweck beraten werde, wenn zu den ordentlichen Synoden der genannten Städte sich auch etwelche kirchliche und staatliche Abgeordnete der übrigen Städte einfinden würden, nicht um dort ihr Votum abzugeben, sondern um zu sehen, was verhandelt werde, das sie zuhause den Ihrigen zur Nachahmung empfehlen könnten. Dieser gewiss sehr heilsame Plan wurde damals, wie aus den Akten der Versammlung zu ersehen ist, auf passende Gelegenheit verschoben wegen zu großer Kosten, durch die das Vaterland überfordert wurde, ist jedoch von unserer Zeit sehr nutzbringend anzuwenden.

Als Anhang fügen wir am Schluß einige Tropfen aus einem ungeheuren Ozean bei, Auszüge aus äußerst liebenswürdigen Briefen, die Engländer mit unsern Reformatoren wechselten, aus welchem zum Vorbild und zur Nachahmung in unserer Zeit hervorgeht, welch herzliche Verbindung in jener Zeit bestand, wieviel Nutzen aus jener hochheiligen brüderlichen Vereinigung in die Kirche zurückströmte.[4] Wenn dieser Austausch jetzt durch die Entzündung eines neuen Lichtes angeregt würde, besteht für mich kein Zweifel, daß wir den Nutzen daraus noch selber erleben werden und bei unseren Nachfahren Lob ernten werden, insbesondere, wenn er sich aufbaut auf dem von mir schon erwähnten festen Fundament der wahren Religion, wie die Anglikanische Konfession[5] sie in hervorragender Weise überliefert. Deren Lektüre hat in der Maisynode des Jahres 1652 der ehrwürdige Antistes Johann Jakob Ulrich[6] der Versammlung der Zürcher Diener am Wort mit folgenden goldenen Lobesworten empfohlen: «Nach dauernden Gebeten und langem Sehnen ist das hocherwünschte Ereignis eingetreten, daß endlich das Bekenntnis der Anglikanischen Kirche in unsere Hände gelangt ist, das in allen Artikeln rechtgläubig evangelischer Religion ist und mit unserem Bekenntnis übereinstimmt, von höchster Erbaulichkeit, ein Leitfaden und Handbuch wahrer Theologie, ein Edel-

stein für Eure Bibliotheken, ein Geschenk für alle, die die Wahrheit lieben. Wir bitten Gott inständig, er möge dort jene reinere Religion beständig weiterblühen lassen.«
Wenn es also gelingen sollte, etwas aus den Archiven Berns, Schaffhausens, Basels und St.Gallens zu Gesicht zu bekommen, das ihnen von eben diesen überseeischen Kirchen übersandt worden wäre, hätten die Gebildeten etwas zu bewundern und alle etwas zur Erbauung.
Lebe wohl, geneigter Leser!

Geschrieben zu Zürich am 17. Oktober 1702

LUDWIG LAVATER VON ZÜRICH

Gruß zuvor seinem christlichen Leser!

Es sind vornehmlich zwei Gründe, werter Leser, die mich zur Niederschrift des vorliegenden Werkleins veranlaßt haben. Der erste ist, daß viele die Zürcher der Unfrömmigkeit und Entweihung der Sakramente und überhaupt aller heiligen Dinge anklagen und fälschlicherweise sich eingeredet haben, wir würden unser Leben nach Art der Kyklopen verbringen. Einige, die sogar in ihren veröffentlichten Schriften die Gebräuche der Zürcher Kirche erwähnen, beschreiben Dinge, die entweder überhaupt nicht existieren oder sich völlig anders verhalten. Sie werden daher, wenn sie wollen, aus diesem kleinen Werklein erkennen können, daß der Zürcher Kirche im allgemeinen nichts fehlt, was zu Zeiten der Apostel in den Kirchen Brauch gewesen ist. Sie besitzt nämlich eine Lehre, Gebete, Sakramente und alles andere, was zur guten Ordnung der Kirche gefunden und eingesetzt worden ist. Daß aber in späteren Zeiten die Zeremonien allmählich vervielfacht wurden und schließlich ins Unendliche angewachsen sind, dabei brauchen wir nicht zu verweilen.

Der andere Grund ist der, daß es da und dort viele Leute gibt, die wegen der Konstanz der Lehre und der Einfachheit der Riten auf unsere Kirchen nicht wenig halten und den Wunsch hegen, die eigenen nach deren Vorbild zu reformieren. Ich wollte deshalb auch ihnen einen Gefallen erweisen und alle Riten und Zeremonien, die in unseren Kirchen eingehalten werden, der Reihe nach durchgehen. Sehr viele haben, sicher aus frommem Eifer, sich bei mir nach all dem erkundigt und mich mit Anfragen bestürmt. Die Gründe der einzelnen Riten und Einrichtungen habe ich absichtlich nicht beigefügt, teils um das Büchlein nicht anwachsen zu lassen, teils weil all das in den Schriften unserer Theologen ausführlich erklärt wird, woraus es bequem in Erfahrung gebracht werden kann. Der Abendmahlsritus ist in Huldrych Zwinglis «Darlegung des Glaubens an den christlichen König»[7] enthalten, die wichtigeren Gesetze, die Art der Durchführung einer Synode und anderes dergleichen sind im Druck vorhanden.

Unsern eigenen Gläubigen mag diese Abhandlung überflüssig und kindlich erscheinen, aber für andere, denen Bräuche und Riten unserer Kirchen nicht so bekannt und durchschaubar sind, wird sie, so hoffe ich, nicht ganz unwillkommen sein. Vielleicht wird sich ein andermal die Gelegenheit ergeben, über diese und auch andere Fragen ausführlicher zu schreiben, sofern ich feststellen kann, daß diese meine kleine Bemühung in frommen und gelehrten Kreisen Anklang gefunden hat. Für diesmal glaubte ich, mich der Kürze befleißen zu müssen.

Lebe wohl, geneigter Leser!

Zürich, im Januar 1559

DIE GEBRÄUCHE UND EINRICHTUNGEN DER ZÜRCHER KIRCHE

I
Das theologische Examen

Niemand wagt es in der Zürcher Kirche, für sich das Lehramt in Anspruch zu nehmen, wenn er nicht vorher geprüft worden ist und die Befugnis zu predigen erhalten hat. Folgendes Verfahren wird dabei beachtet: In einem öffentlichen Hörsaal kommen zwei Ratsherren zusammen, dazu Diener der Kirche und Professoren. Diese prüfen zuerst, was die Kandidaten in den alten Sprachen und in der Redekunst (Rhetorik) zu leisten vermögen. Besteht Aussicht, daß sie die Exegeten lesen und weitere Fortschritte in der Wissenschaft machen können, werden sie vom obersten Pfarrer[8] und andern, die es wünschen, über die kanonischen Bücher der Bibel und ihren Inhalt befragt. Darauf werden sie über die wichtigsten Punkte der christlichen Dogmatik befragt. Auch werden sie aufgefordert, Argumente und Einwände der Gegner der christlichen Wahrheit zu widerlegen. Man fragt sie außerdem, wie eine Kirchgemeinde gut zu führen und was die Art und Weise klaren Lernens und Lehrens sei. Zuletzt wird ihnen irgendein Thema oder eine Schriftstelle vorgelegt, die sie nach einigen Tagen so gut darlegen sollen, wie wenn sie vor versammelter Gemeinde sprechen müßten. Wenn sie nun die Stelle in geeigneter Weise zu behandeln scheinen und man die Hoffnung hegen kann, daß sie nützliche Diener Christi sein werden, wird ihnen die Befähigung erteilt, im Berufungsfalle ein Predigeramt zu übernehmen. Sie werden dabei ermahnt, sorgfältig die Größe der Aufgabe zu bedenken und sich zu bemühen, auch nur den Anschein von Pflichtvernachlässigung zu vermeiden. Bevor ihnen die

Führung größerer Gemeinden übertragen wird, werden sie, soweit wie möglich und so lange die Zeit es erlaubt, weitergeschult.

*

Das Examen für den Dienst am Wort und an den Sakramenten wird heutzutage ungefähr in folgender Weise durchgeführt: Wenn eine Anzahl Studenten den gesetzlich vorgeschriebenen Studiengang absolviert hat, bitten sie den Schulherrn[9] und die übrigen Kirchen und Schulhäupter um die Zulassung zu den Examina, was wir die «Dekretion» (Zulassungsbeschluß) nennen. Wenn der Bitte sowohl im Hinblick auf ihr sittliches Verhalten wie auf ihre Studien nichts entgegensteht, schreiben sie zuerst im Hause des Schulherrn[10] eine griechische und lateinische Prüfungsarbeit; darauf werden durch ein «philologisches bzw. sprachliches Examen» vor den Fachvertretern die Fortschritte in
3 *der lateinischen, griechischen und hebräischen Sprache festgestellt. Einige Wochen später unterziehen sie sich unter dem Vorsitz des Philosophieprofessors einer öffentlichen philosophischen Disputation; daran schließt das «philosophische Examen» an, in dem sie in Gegenwart der obgenannten Schulhäupter über Logik, Physik, Metaphysik, Ethik und Geschichte geprüft werden. Wenn diese sog. propädeutischen Examina nach Wunsch gelungen sind, haben sie Zutritt zur «theologischen Disputation», die unter dem alternierenden Vorsitz eines der beiden Theologieprofessoren und in der Regel vor sehr zahlreichen Zu-*

A. L'Antistes qui fait l'Ordination.
B.B. Les Examinateurs du Magistrat.

RECEPTION des CANDIDATS dans le St MINISTERE, à ZURICH.

C.C. Les Examinateurs Ecclesiastiques.
D.D. Les Jeunes Ministres.

hörern abzulegen ist. Haben sie diese Prüfung mit Erfolg bestanden, werden sie vor dem Kollegium der Herren Examinatoren[11]*, zu dessen Mitgliedern die älteren Kirchen- und Schulhäupter, außerdem vier Abgeordnete der staatlichen Behörde zählen und das vom Antistes präsidiert wird, von einem Theologieprofessor auf Deutsch in den Grundlehren der Hl. Theologie und über den Aufbau der Hl. Schrift recht eingehend geprüft; endlich halten sie über einen vom ehrwürdigen Antistes vorgelegten Text vor den kirchlichen und weltlichen Würdenträgern der Prüfungsbehörde eine Predigt. Sind nach sovielen Prüfungen die Zuhörer zufriedengestellt, verleiht der Hr. Antistes im Namen der ganzen Prüfungsbehörde nach einer ernsten Ermahnung über die Würde des heiligen Amtes den Kandidaten die Fähigkeit zum kirchlichen Dienst, während die Mitglieder des Prüfungskollegiums entblößten Hauptes stehen, mit folgender Formel:*

«Kraft der von Gott und dessen Stellvertreter, der hochgeachteten Obrigkeit, empfangenen Vollmacht übertragen und verleihen wir Euch das Recht, das Wort Gottes lauter zu verkünden, die Sakramente ordnungsgemäß zu verwalten, Brautpaare durch die heilige Einsegnung zu verbinden und die sämtlichen übrigen Aufgaben der kirchlichen Tätigkeit, die der Herr in seinem Wort seinen rechtmäßigen Dienern anvertraut hat, zu erfüllen (hier streckt der Antistes seine rechte Hand aus, um sie gleichsam auf die Häupter der Kandidaten zu legen), im Namen der Allerheiligsten Dreifaltigkeit, des Vaters, des Sohnes und des Heiligen Geistes. Treu ist der, der Euch berufen hat; möge er in Euch auch jegliches gute Werk vollenden, auf daß Ihr in der gesamten Prüfung Eures Lebens treue Diener Gottes sein

und endlich vom Herrn die frohe Kunde hören möget:
Wohlan, du guter und getreuer Knecht, du bist im Geringen treu gewesen, ich will dich über vieles erheben, gehe ein in die Freude des Herrn! Amen.»

Nachdem sie den Herren Examinatoren mit Handschlag versprochen haben, sich an die Vorschriften für die jungen Diener am Wort halten zu wollen, entläßt der Antistes sie, die nun mit dem Tock (Kanzelrock)[12] bekleidet sind, mit den Glückwünschen aller Mitglieder der Prüfungsbehörde. Sind sie so ins Ministerium (Kirchendienst) aufgenommen, leisten sie entweder in der Stadt oder auf dem Land mit lobenswerter Bereitschaft Dienst, wenn er von den ordentlichen Amtsinhabern in Kirche und Schule begehrt wird, bis sie selbst einen bestimmten Wohnsitz und eine Beamtung erlangen; auch predigen sie in der Hauptkirche der Stadt abwechselnd zweimal pro Woche,[13] wobei sie sich nach der Predigt der freundschaftlichen Beurteilung ihrer Leistung durch Vorsteher und Dekan sowie ihrer Amtsbrüder unterziehen; auch erklären in monatlich abgehaltenen Disputationen je zwei als Verteidiger zwei schwierigere Fälle oder Probleme, darauf verteidigen sie einige dem Helvetischen Bekenntnis oder der Heiligen Schrift entnommene dogmatische, kasuistische oder gottesdienstliche Thesen gegen die Einwände von Opponenten. Endlich legen sie alljährlich ihrem Vorsteher und ihrem Dekan und durch deren Vermittlung dem Kollegium der Examinatoren Rechenschaft über ihre öffentlichen und privaten Tätigkeiten ab.[14]

II
Die Berufung und Einsetzung der Pfarrer

Wenn ein Pfarrer stirbt, so zeigt der für diese Gemeinde zuständige Dekan dessen Tod alsbald Bürgermeister und Rat an, damit die ihres Hirten beraubte Gemeinde keinen Schaden erleide. Sofern nun ein Adliger oder Abt das sog. Patronatsrecht innehat – denn niemandem ist sein Recht genommen worden – ermahnt der Rat sie, der Gemeinde einen neuen Hirten zu geben. Wenn sie nun jemanden bezeichnen, der das Examen bestanden hat und von den Unsrigen gutgeheißen wird, wird er zugelassen. Es kommt auch vor, daß der Rat diesen Inhabern der Kollatur den einen oder andern Namen nennt, damit sie jemanden, der ihnen gut scheint, auswählen können. Sofern jedoch das Patronatsrecht dem Rat zusteht, wird von ihm dem Kollegium der Examinatoren angezeigt, es sollten andere nominiert werden, die den Verstorbenen ersetzen könnten. Nun werden zwei oder drei vorgeschlagen bzw. nominiert, wobei die Gründe für die Nomination beigefügt werden. Von diesen liest der Rat der Zweihundert, der sog. Große Rat, oder der Rat der Fünfzig, der sog. Kleine Rat, einen Kandidaten aus. Darauf wird dem Landvogt des betreffenden Bezirkes, dem Dekan und dem Pfarrer einer Nachbargemeinde angezeigt, sie sollten sich am folgenden Sonntag in jene ihres Hirten beraubten Pfarrei begeben. Wenn die Kirchgemeinde versammelt ist, zeigt der Landvogt oder der Abgesandte des Rates den Untertanen an, wer zum Pfarrer erwählt worden ist und fordert dazu auf, wenn diesen jemand für unwürdig erachte, solle er die Gründe dafür angeben. Wenn er nun von niemandem angeklagt oder zurückgewiesen wird, besteigt der Dekan die Kanzel und predigt über die Pflichten des Pfarrers und seiner Zuhörer oder seiner Gemeinde. Nach der Predigt legt er dem neuen Pfarrer seine Kirchgemeinde liebevoll ans Herz und mahnt ihn an seine Pflicht. Darauf legen der Dekan selbst und der zweite Pfarrer ihm die Hände auf und fordern die Gemeinde auf, sich im Gebet für ihn bei Gott dafür einzusetzen, daß er sein ihm anvertrautes Amt ordnungsgemäß erfüllen könne. Nach dem Gebet empfiehlt der Landvogt oder der Abgesandte des Rates den neuen Pfarrer den Untertanen im Namen des Rates und ermahnt sie, ihm zu gehorchen, ihn zu lieben und mit jeglicher Dienstleistung zu begleiten. Sollte aber der Prediger seinen Pflichten nicht nachkommen, so sollten sie ihn nicht selbst absetzen, sondern die ganze Angelegenheit vor den Rat bringen.

In der Stadt Zürich wählt den Pfarrer am St.Peter und auch den Diakon (Helfer) an derselben Kirche die gesamte Kirchgemeinde.

*

Wenn ein Pfarrer auf dem Lande stirbt, so benachrichtigt sein Dekan von Amtes wegen unverzüglich den Antistes, der Antistes den Bürgermeister und durch diesen den Rat, sofern er sich dann gerade versammeln sollte. Mit dessen Ermächtigung werden dann vom Kollegium der Herren Examinatoren in der Regel acht Diener am Wort bezeichnet, die zur Bekleidung der vakanten Pfarrstelle geeignet erscheinen. Ihre Namen werden unter Verschluß, damit kein Raum für Amtserschleichung bleibt, dem Rat gemeldet. Aus ihrer Zahl werden zuerst die drei geeignetsten, dann ein einziger gewählt, bzw. den Inhabern des Patronatsrechtes[15] vorgeschlagen.

Dieses Patronatsrecht ist bei den Zürcher Gemeinden, mit denen noch Thurgauer und Rheintaler Gemeinden verbunden sind, recht verschieden geordnet. Es steht nämlich an gewissen Orten, wie in der stadtzürcherischen Kirchgemeinde St. Peter, der gesamten Kirchgemeinde (Gemeindeversammlung) zu, in andern, und zwar den wichtigeren Pfarrstellen, dem Großen Rat, der aus 200 Mitgliedern besteht, in den gewöhnlichen Pfarrstellen dem Kleinen Rat, d.h. dem Rat der Fünfzig, in wieder andern dem Kollegium der Zürcher Hauptkirche, das allgemein Chorherrenstift genannt wird, dann auch den Adligen und Fürsten bestimmter Orte und schließlich in einigen Orten den benachbarten Bischöfen und exempten Äbten, z.B. von Konstanz, St. Gallen, Einsiedeln, Wettingen, St. Blasien usw., die noch heute einen Großteil ihrer Zehnten alljährlich aus dem Zürcher Gebiet schöpfen.

Der neugewählte Pfarrer wird, wie Lavater erwähnt, am ersten passenden Sonntag vom Dekan unter Gebeten und Segenswünschen eingesetzt, wobei er selbst und zwei Pfarrer der Nachbargemeinden ihm die Hände auflegen. Außerdem wird er der gesamten Gemeinde vom Obervogt des Ortes in Namen und Auftrag der hochlöblichen Obrigkeit vorgestellt und in ernster Ermahnung empfohlen, ihn als ihren neuen Hirten und Vater im Herrn anzuerkennen und mit allem schuldigen Respekt und Gehorsam aufzunehmen, andererseits dem Pfarrer in allen Teilen treulichste Amtsführung überbunden. Zu diesem feierlichen Anlaß erscheint meistens eine gewaltige Menschenmenge aus der ganzen Umgebung; in der Stadt Zürich aber hat dieser Brauch keine Geltung, sondern die Einsetzung ins Pfarramt geschieht anläßlich einer außerordentlichen Antrittspredigt.

Im übrigen steht die Befugnis, Pfarrer abzusetzen, nicht in gleicher Weise der Gemeinde oder dem Inhaber der Kollatur zu wie das Wahlrecht, sondern gewöhnlich dem Examinatorenkollegium, welchem diese Aufgabe durch den Rat übertragen worden ist. Es prüft einerseits Streitigkeiten und Klagen zwischen Pfarrern und Gemeinden, andrerseits vom Pfarrer begangene Fehler, und je nach der Art der Ärgernisse und Vergehen bereinigt es entweder die Angelegenheit selbst oder gibt sie in heikleren Fällen an die löbliche Obrigkeit weiter. 10

III
Der Pfarrerstand

Was die Amtsbefugnis anbelangt, so besteht unter den Pfarrern kein Unterschied. Aber wer andere an Gaben und Alter überragt, wird ihnen mit Recht vorgezogen. Beinahe alle kirchlichen Angelegenheiten werden dem Hauptprediger der Stadt Zürich (der erste nach Wiederherstellung des Evangeliums war Huldrych Zwingli, sein Nachfolger Heinrich Bullinger) vorgebracht. Dieser unternimmt und schreibt im Namen der gesamten Kirche und aller ihrer Diener nach eigenem Gutdünken, ohne andere zu befragen, nichts, sondern ruft andere Pfarrer zu sich, um seine Ansicht und sein Urteil mit ihnen zu beraten. Fragen von großer Bedeutung werden dem Rat und der Synode vorgelegt.

Es gibt sieben Dekane, denn in soviele Bezirke ist das Zürcher Hoheitsgebiet unterteilt. Ihre Aufgabe besteht darin, ihren Bezirk sorgfältig zu betreuen. Jeder soll die Pfarrer beobachten, sie besuchen, ihre Studien beaufsichtigen, dazu die Einrichtung und Ordnung in ihren Gemeinden prüfen. Sollte er nun bei einem Pfarrer etwas tadelnswert finden, so muß er ihn unter Beiziehung des einen oder andern Pfarrers einer Nachbargemeinde ermahnen. Wenn aber jener die Ermahnung mißachtet und so fortfährt, wird er der Synode angezeigt.

Ferner haben die einzelnen Abteilungen (Bezirke), gewöhnlich «Pfarrkapitel» genannt, ihre Diakone («Helfer»). Mit diesem Ausdruck bezeichnen wir heutzutage nicht die Verwalter öffentlicher Mittel, sondern die Stellvertreter (Vikare) der Pfarrer, die anstelle der Pfarrer (sofern diese erkranken oder aus andern Gründen ihr Amt nicht ausüben können) das Lehramt und die Sakramente verwalten.

Unter allen Dienern der Kirche ist keiner von Amtes wegen berechtigt, nach seinem Gutdünken Pfarrer zu wählen, ihres Amtes zu entheben oder zu versetzen. Dies ist nämlich nicht die Aufgabe eines einzigen oder weniger, sondern es steht gleichzeitig den Dienern der Kirche und den politischen Behörden zu.

*

Obwohl sich die Diener der Zürcher Kirche weder durch den Rang ihrer Titel noch ihrer Jurisdiktion und ihres

Herrschaftsbereiches voneinander unterscheiden, werden sie dennoch durch die Bande einer rechtmäßigen Ordnung zu einer Gemeinschaft verbunden. Sie haben den Antistes, dem die erste Sorge für die Gemeinden in Stadt und Land obliegt und auf dessen Herz alle belastenden Vorkommnisse abgeladen werden, um in jedem Einzelfalle gehörig beurteilt und behoben zu werden. 12

Der erste nach der Reformation war Magister Huldrych Zwingli; auf ihn folgten Magister Heinrich Bullinger Rudolf Gwalter Ludwig Lavater Joh. Rudolf Stumpf Magister Burkhard Leemann Joh. Jakob Breitinger Joh. Jakob Irminger Joh. Jakob Ulrich Kaspar Waser Joh. Jakob Müller Joh. Heinrich Erni Dr. theol. Anton Klingler, dem Gott ein langes Leben gewähren möge.[16]

Die Zürcher Kirchgemeinden[16a] haben auf dem Lande Dekane und Kammerer[17], die die Aufsicht über die verschiedenen Kapitel oder Bezirke haben und gehalten sind, darüber Rechenschaft abzulegen. Sie haben auch verschiedene Räte oder Kollegien, sowohl kirchliche als auch die Schule betreffende, denen das Gemeinwohl anvertraut ist. Aus diesen ragt das Kollegium der Herren Examinatoren hervor, das der Antistes zu leiten hat und das aus den amtsälteren Pfarrern und Professoren[18] der Stadt Zürich und außerdem aus je zwei Mitgliedern des Kleinen und des Großen Rates zusammengesetzt ist. Hier werden, wie oben dargelegt worden ist, die Kandidaten für den hl. Kirchendienst geprüft und in die Liste der Diener am Wort eingetragen, und die Anzahl derjenigen wird bestimmt, die für verstorbene Amtsbrüder nachrücken sollen; kirchliche Übelstände schwerwiegender Art werden erwogen und alles, was den Frieden und das Wohl der Gemeinden stören könnte, mit allem erdenklichen Fleiß abgewendet.

Es existiert auch noch ein anderes illustres Kollegium, das «Kollegium der obersten Schulherren» heißt. In ihm sitzen außer den beiden Examinatoren des Kleinen Rates der amtsältere Bürgermeister, der ordnungsgemäß den Titel eines Obersten Schulherrn trägt, der Oberste Verwalter des Staatsvermögens[19] und die Pfleger des Kleinen Rates[20]. Sie tragen die Hauptsorge für das Schulwesen: Sie wählen die Professoren und Lehrer; einmal jährlich untersuchen sie zur Überprüfung der Kollegien und Schulen die Arbeit und das Verhalten der Lehrenden und Lernenden, loben die Fleißigen und muntern etwaige Nachlässige auf, kurz, sie beschließen und bestimmen über alles, was die Schule anzugehen scheint.

Das Kollegium oder der Konvent der Chorherren[21] wird vom Stiftspropst geleitet, derzeit vom Professor der Theologie Joh. Caspar Wolf[22]. In ihm beraten mit zehn Chorherren vier Pfleger als Vertreter des Staates über alles, was die Rechte, die Zehnten, Einkünfte usw. der Hauptkirche Zürichs betrifft.

Den Vorsitz im Kollegium oder Konvent der Schulvorsteher[23] führt der Schulherr, welche Aufgabe derzeit Jakob

Hottinger[24], *zweiter Professor der Theologie, innehat. In seinen Sitzungen wird über die Schulexamen, den Lehrstoff, die Versetzungen, Noten, Stipendien usw. verhandelt; dabei sind jeweils die Professoren, Pfarrer und Helfer (Diakone) der Stadt Zürich zugegen, dazu die ranghöchsten Lehrer. Auch gibt es noch andere Kollegien, über die andern Orts zu reden sein wird.*

Der Stand der Diener der Kirche, wovon dieses Kapitel handelt, bringt uns darauf, zu berichten, daß am Großmünster, der auf Karl den Großen zurückgehenden Kirche und Gemeinde, derzeit wirken ein Pfarrer, der gleichzeitig das Amt des Antistes innehat, der obgenannte Dr. theol. Anton Klingler, zwei Archidiakone, Joh. Jakob Gessner und Joh. Rudolf Simler, dazu zwei Diakone, Kaspar Brunner und Wilhelm Hofmeister.[25] *An der Kirche zum Heiligen Geist (Predigerkirche) wirken derzeit als Pfarrer Joh. Jakob Ulrich, als Diakon Melchior Wolf,*[26] *am St. Peter als Pfarrer Bernhard Werdmüller, als Diakon Johann Werdmüller, am Fraumünster als Pfarrer Peter Zeller, als Diakon Heinrich Ulrich.*[27] *Es gibt auch je eine Pfarrstelle am Zuchthaus*[28]*, am Spital* [29]*, am Siechenhaus St. Jakob an der Sihl, die zum* Städtischen Ministerium *gerechnet werden, zusammen mit einigen andern, den sog.* Filialgemeinden[30]*; solche Pfarrer sind der von Zollikon, an der St. Moritzkapelle*[31]*, an der Kreuzkirche*[32]*, in Witikon, Zumikon, Schwamendingen, Wipkingen, Uitikon, Albisrieden und Wollishofen, die nicht den Kapiteln der Dekane, sondern der Abteilung der Stadtkirchen zugehören. Das* Ministerium auf dem Lande *wird in bestimmte Abteilungen, die bei uns Kapitel genannt werden, eingeteilt. Jedes einzelne besitzt seinen eigenen Dekan, Kammerer, Schreiber und gemeinsamen Diakon.*

An Kapiteln gibt es acht, wenn man nur das Zürcher Staatsgebiet berücksichtigt, oder zwölf, wenn man die vier Kapitel des Thurgaus und Rheintals hinzunimmt. Diese unterstehen nämlich der gleichen Synode und den gleichen Kirchengesetzen.

1. Kapitel das Zürichseekapitel, mit 19 Gemeinden
2. Kapitel das Freiamtskapitel[33], mit 13 Gemeinden
3. Kapitel das Steiner Kapitel[34], mit 11 Gemeinden
4. Kapitel das Winterthurer Kapitel, mit 25 Gemeinden
5. Kapitel das Elgger Kapitel, mit 7 Gemeinden
6. Kapitel das obere Wetziker Kapitel, mit 12 Gemeinden
7. Kapitel das untere Wetziker Kapitel, mit 16 Gemeinden
(Beide bildeten einstmals ein einziges Kapitel, weshalb Lavater nur 7 Kapitel zählt)
8. Kapitel das Regensberger Kapitel, mit 28 Gemeinden
9. Kapitel im Thurgau, das Frauenfelder Kapitel, mit 16 Gemeinden
10. Kapitel das Oberthurgauer Kapitel, mit 15 Gemeinden
11. Kapitel im Mittelthurgau, das Steckborner Kapitel, mit 14 Gemeinden
12. Kapitel das Rheintaler Kapitel, mit 6 Gemeinden.

Auch wenn die vier letztgenannten nicht zum Zürcher Staatsgebiet gehören, binden sich die Pfarrer in jenen Orten dennoch an die kirchlichen Gebräuche unserer Stadt und nehmen auch an unserer Synode teil. Unter jenen Gemeinden sind einige rein reformiert, der größere Teil weist eine mit römisch-katholischen Einwohnern gemischte Bevölkerung auf, wo denn in der gleichen Kirche der ref. Pfarrer und der kath. Priester Gottesdienst halten.

Zu all diesen Gemeinden zählen wir zwei reformierte Gemeinden im Allgäu in Schwaben, Grunenbach und Herbishofen[35], die unter dem Fürstbischof[36] von Kempten leben, was aber die Religion anbelangt, die reformierten Reichsfürsten als Beschützer anerkennen und obendrein meistens von zwei Zürcher Pfarrern betreut werden.

IV
Die Kleidung der Pfarrer

Die Diener der Zürcher Kirche tragen nicht nur auf der Straße, sondern auch, wenn sie predigen und die Sakramente verwalten, gewöhnliche, aber ehrbare Kleidung wie andere ehrbare Bürger, und nicht Schauspielerkleidung.[37]

*

Die Kleidung der Diener am göttlichen Wort ist nicht abergläubisch noch von unbedingter Notwendigkeit, jedoch geziemend. Für die Predigt tragen sie den Kanzelrock und einen dicken[38] Kragen, in dem auch die angesehenen Männer unter den Politikern daherkommen und wie wir etwa die englischen Bischöfe abgebildet sehen, z.B.

Usher[39] usw., denn bei uns ist die altehrwürdige Sitte nicht abgekommen.

V
Die Besoldung

Manche Pfarrer haben Zehnten und andere jährliche Einkünfte, von denen sie leben. Manchen aber wird von den Verwaltern der kirchlichen Güter ihre Besoldung ausbezahlt.

*

Eine angemessene Unterstützung wird jedem Pfarrer gewährt, doch von unterschiedlicher Höhe: höhere Einkünfte erhalten die älteren und die, welche sich durch Gelehrsamkeit, Verdienste bzw. durch langjährige treue Dienste in kleineren Kirchgemeinden als würdig für größere Aufgaben erwiesen haben. Die einen sind im Genuß von Zehnten, die andern erhalten ein Fixum, wie man das Gehalt nennt. Wenn Pfarrer, besonders solche, die nicht im Zürcher Staatsgebiet amten, von den Gemeinden so magere Einkünfte beziehen, daß sie ihre Familie nicht unterhalten könnten, unterstützt sie in freigebiger Weise die Regierung. Fünfzehn der jüngeren Diener am Wort, die sog. Exspektanten[40], erhalten jährlich je 40 Gulden, damit sie so eher imstande sind, den Kirchgemeinden Dienste zu leisten.

VI
Die Kirchen

Die Zürcher Kirchen sind von allen Gemälden und Standbildern gereinigt. Sie weisen keine Altäre auf, sondern nur die notwendigen Geräte, wie eine Kanzel, Bänke, ein Taufbecken, einen Tisch, der jeweils zum Abendmahl aufgestellt wird, und Lampen, die im Winter, wenn die Tage kürzer sind, während der Frühgottesdienste gebraucht werden. Die Kirchen blitzen nicht von Gold, Silber, Edelsteinen und Elfenbein, denn dies ist nicht der wahre Schmuck eines Gotteshauses. Orgeln und andere Musikinstrumente gibt es in den Kirchen nicht, weil ihr Klang nichts zum Verständnis von Gottes Wort beiträgt. Auch Fahnen und andere Weihgeschenke sind aus den Kirchen entfernt worden.

*

Die Kirchen weisen gewiß keinen Schmutz auf, ebenso 20
aber auch keine Pracht, sie blitzen nicht von Gold und
Silber, sie passen für fromme Versammlungen, die Verkündung des Gotteswortes und die Spendung der Sakramente.
In der Stadt Zürich gibt es vier größere:
1. Das Großmünster
2. das Fraumünster, in dem auch die vertriebenen Franzosen Gottesdienste in ihrer Sprache abhalten[41]
3. die Kirche zum Heiligen Geist oder zur Predigern, an welche das Spital angeschlossen ist
4. die Kirche St. Peter, ein sehr altes Gotteshaus.

Dazu ist zu bemerken, daß Gottesdienst nicht nur in einer, sondern gleichzeitig in allen vier Kirchen gehalten wird. Außerdem gehören alle Stadtbürger und Bürger der Vororte[42] zum Gebiet einer dieser vier Kirchgemeinden, je nach dem Bezirk oder Quartier, in welchem sie wohnen. Zu diesem Zweck führen die Diakone dieser Kirchgemeinden
1. *das Taufbuch, welchem wir das Eheregister beifügen*
2. *das Totenregister («Leichbuch»)*
3. *das Verzeichnis der Unterweisungsschüler (Katechumenen)*
4. *den Rodel der Haushaltungen, nach der Ordnung der Straßen und Häuser angelegt. Darin verzeichnen sie aufs sorgfältigste alles, was über die einzelnen Kirchgemeinden des ganzen Gebietes bemerkenswert ist. Alle Pfarrer sind nämlich gehalten, in bestimmten Jahren den Rodel der Haushaltungen an das Antistitium zu senden, wo die Archive der Zürcher Kirche aufbewahrt werden, worin der Bestand aller Familien und die Anzahl der Familienglieder verzeichnet sein sollen.*

Es gibt in der Stadt Zürich auch noch eine andere Kirche, nämlich die des Zuchthauses am Oetenbach, wohin die Straffälligen aus dem Kerker geführt werden und welche außerdem die Waisen besuchen, die dort hochherzigerweise erzogen werden.

Die übrigen Stadtkirchen (sie waren nämlich nur schon in der Stadt Zürich sehr zahlreich vorhanden) sind würdiger Verwendung vorbehalten, worauf wir später eingehen werden, und an Stelle von ihnen werden andere an den Orten, wo die zu große Entfernung der Kirchgemeinden von den genannten Stadtkirchen es erfordert, von den hochlöblichen Behörden in freigebigster Weise auf ihre

Kosten errichtet. Gerade in diesem Jahr 1702 sind die Fundamente zweier neuer Kirchen gelegt worden.

Die Orgeln hat man aus den Kirchen entfernt, nicht weil ihr Gebrauch gänzlich mißbilligt würde; denn neben sehr zahlreichen musikalischen Bemühungen Privater existieren einige gut besuchte öffentliche Vereinigungen für Vokal- und Instrumentalmusik, sondern weil man die Erfahrung gemacht hat, daß die Orgeln in der Kirche mehr die Ohren als die Seele treffen. Dagegen wird bei uns um so stärker und allgemeiner der Psalmengesang gepflegt, welchen zum Erstaunen der Fremden Laien und niederes Volk ohne Unterschied aufs beste beherrschen; in dem Sinne jedoch, wie wir keine andern Kirchen verurteilen, wünschen wir ebenso, uns möge unsere Freiheit unangetastet belassen werden.[43]

22

VII
Die Zeremonien

An Zeremonien hat die Zürcher Kirche nur wenige und nur notwendige beibehalten. Soweit möglich, hat sie alles in der ersten und einfachsten Form der ältesten, ja der Apostolischen Kirche wiederhergestellt. Es ist keinem ihrer Diener erlaubt, irgendeine der abgeschafften Zeremonien wieder einzuführen.

*

Zeremonien oder besondere Bräuche des Neuen Testa-
23 *ments, wie sie von den Aposteln im Hinblick auf die damalige Zeit angewandt worden waren und die nicht ein für allemal gelten, hat sie abgeschafft, die notwendigen aber beibehalten, den abergläubischen und papistischen hat sie den Abschied gegeben.*
Private Gebete werden in beliebiger geziemender Haltung verrichtet, gemeinsame Gebete im Stehen, von Männern mit entblößtem, von Frauen mit bedecktem Haupt.
Was bei der Taufe, beim hl. Abendmahl und bei sonstigen Gelegenheiten geschieht, werden die betreffenden Kapitel zeigen.

VIII
Die Feier- und Festtage

Die Zürcher Kirche hat von den Feiertagen, deren Abhaltung unter dem Papsttum festgelegt worden war, einige von Anbeginn der Reformation bis zu einem bestimmten Zeitpunkt beibehalten, sie aber schließlich, als es angemessen schien, abgeschafft. Außer an den Sonntagen hält sie nur an wenigen Feiertagen fest, nämlich am Geburtsfest Christi und dem Folgetag, an welchen die Weihnachtsgeschichte nach dem Lukasevangelium Kap. 2 (Vers 1 ff.), dazu aus dem Titusbrief das 2. Kap. (Vers 11 ff.) usw. erklärt und das Sakrament des Abendmahls gefeiert werden; am Fest der Beschneidung Christi [44], an dem in der Frühe aus dem 2. Kap. (Vers 21 ff.) des Lukasevangeliums die Geschichte von der Beschneidung vorgelesen wird, dazu die Stelle über die Beschneidung aus Jeremias Kap. 4 (Vers 4) ; am Osterfest und dem Folgetag, an welchem die Auferstehungsgeschichte Christi aus dem Markusevangelium 16, ebenso die Stelle aus dem Kolosserbrief Kap. 3 und manchmal der 113. Psalm und andere ähnliche Stellen erklärt werden. Am Hohen Donnerstag, der dem großen Fest vorangeht, wird in der Frühpredigt die Geschichte von der Fußwaschung vorgelesen und ausgelegt, am Nachmittag aber wird von der ersten bis etwa zur dritten Stunde der erste Teil der Leidensgeschichte Christi im Überblick behandelt. Am Karfreitag wird von der fünften bis zur achten Morgenstunde der zweite Teil durchgenommen, und an diesen beiden Tagen wird das Sakrament des Abendmahles gefeiert. Am Karsamstag wird in der Frühe meistens die Geschichte der Grablegung Christi erklärt. An diesen drei Tagen vor Ostern kann jedoch, wer will, an seine Arbeit zurückkehren. Niemand wird gezwungen, die Predigt zu hören, doch kommen alle aus eigenem Antrieb trotzdem. Sie behält auch den Tag der Auffahrt Christi bei, an dem in der Frühe die Geschichte aus der Apostelgeschichte Kap. 2, am Abend meistens die Stelle aus dem 4. Kap. des Epheserbriefes und andere entsprechende Stellen über die Auffahrt Christi erklärt werden. An Pfingsten wird über die Ausgießung des Hl. Geistes aus dem 2. Kap. der Apostelgeschichte gepredigt. Am Folgetag wird jene berühmte Stelle aus dem 3. Kap. des Johannesevangeliums: «Also hat Gott die Welt geliebt» erklärt. An beiden Pfingstfeiertagen wird das Abendmahl gefeiert.

Diese Feste Christi werden alljährlich feierlich innegehalten und das Gedenken an seine segensreichen Taten wird

25 andächtig begangen. Die Feste der Jungfrau Maria indessen, der heiligen Apostel und der heiligen Märtyrer Christi hat unsere Kirche aus vielen gewichtigen Gründen abgeschafft. Trotzdem werden vor allem ihre Glaubenstreue und ihre Tugenden in den Predigten von den Dienern der Kirche angelegentlich dem Volke empfohlen, das auch zur Nachahmung aufgefordert wird.

*

Darüber äußert sich Lavater ausreichend und sehr gut: Wir ehren den Sonntag zum Andenken an Christi Auferstehung. Ohne jeden Götzendienst feiern wir das Fest der Geburt und Beschneidung, der Passion und Auferstehung, endlich der Auffahrt Christi und der Ausgießung des Hl. Geistes. Die Leidensgeschichte wird auf dem Lande von jedem einzelnen Pfarrer an den sechs Ostern vorangehenden Sonntagen erklärt, in der Stadt aber während der Karwoche. Andere Feste anerkennen wir nicht, die der seligen Jungfrau und der hl. Apostel übernehmen wir nicht, doch über ihre Tugenden predigen wir, sooft sich dazu Gelegenheit findet, voller Lob.

Dennoch sind vier Gemeinden der äußersten Kapitel im Thurgau und Rheintal gezwungen, vier Feste der seligen Jungfrau Maria und der Apostel zu feiern, ebenso auch einige Gemeinden in der Markgrafschaft Baden, deren
26 *Bewohner mit Katholiken gemischt sind, und deren Behörden teilweise katholisch sind. Das fordert der Wortlaut des Religionsfriedens*[45]*, des sog. Landfriedens. Die Unsern*

werden gezwungen, nicht zu arbeiten, sie hören eine Predigt, und an diesen Tagen bietet sich vor allem die günstige Gelegenheit, sich im Katechismus zu üben, so daß auch aus dieser Unannehmlichkeit, womit die Papisten unsere Glaubensbrüder bedrücken, für sie ein Gewinn erwächst, nämlich eine Stärkung ihrer Herzen in der wahren Religion. Ich will hier zwei Worte über das Fasten beifügen: Die öffentlichen Fasten, deren es nicht eben viele gibt, werden in der Regel alljährlich nach der Ernte zur Danksagung für die von Gott dem Dreieinigen, Allmächtigen und Höchsten empfangenen Wohltaten und für die Fürbitte zugunsten der bedrängten Kirche angesetzt. Angekündigt werden sie meistens im gemeinsamen Namen der Behörden der Reformierten Orte. Wenn die oberste Behörde sie verkündet hat, bezeichnet der Antistes den Dekanen, diese wiederum jedem einzelnen Pfarrer durch Kreisschreiben Zeit und Art der Fasten. Gefastet wird bis zum Abend, von schwächeren Personen nur teilweise. In der Stadt geht man dreimal, auf dem Lande zweimal zur Predigt und verrichtet außer den gewöhnlichen noch zusätzliche Gebete. Das private Fasten ist beinahe unbekannt, was zu bedauern ist, da aufgrund 27 der über das Verdienst herrschenden Meinung das einfache Volk vom einen Extrem ins andere gefallen ist, wodurch sie das Fasten sogar durchaus im Einklang mit den gesetzlichen Bestimmungen verwerfen, was ich jedoch nicht ganz allgemein behaupten möchte.

IX
Predigt und Gebet

Sonntags werden in den vier Stadtkirchen zu ein und derselben Stunde Predigt und Gebet gehalten, damit sich ihnen niemand entziehen kann. Zur Sommerszeit von sieben bis acht Uhr, dann um 11 Uhr in der Hauptkirche (im Großmünster) für solche, die wegen Hausarbeit in der Frühe die Predigt nicht besuchen konnten. Danach wird auch nachmittags um drei Uhr ein Predigtgottesdienst gehalten.

Ebenso wird die ganze Woche hindurch täglich zweimal gepredigt (ausgenommen am Freitag, weil wegen des Marktes und der Geschäfte frühmorgens nur einmal gepredigt werden kann): Der eine Gottesdienst findet um fünf Uhr, der andere um acht Uhr morgens statt.

Dabei wird folgende Ordnung eingehalten: An Sonntagen wird das Volk durch drei Zeichen[47], die mit den Glocken geläutet werden, zusammengerufen. Kurz vor dem dritten Zeichen zeigt irgend ein junger Mann dem Volk es an, wenn Häuser, Grundstücke, Äcker oder Weinberge zu verkaufen sind, ebenso, wenn etwas verloren oder gefunden worden ist. Es werden auch die aufgerufen, die ihre Frauen oder Männer verlassen haben, damit sie sich vor dem Ehegericht verantworten. Nachdem das dritte Zeichen geläutet worden ist, geben die Behörden hie und da ihre Verordnungen bekannt, wenn ihnen daran gelegen ist, daß das gesamte Volk damit vertraut sei. Darauf besteigt der Pfarrer die Kanzel und beginnt den Gottesdienst mit folgenden Worten:

«Die Gnade, der Frieden und die Barmherzigkeit Gottes

des Allmächtigen sei uns armen Sündern allzeit gewährt. Amen. Geliebte im Herrn! Laßt uns innig zu Gott beten und ihn bitten, er möge sich herablassen, uns armen Sterblichen sein heiliges und ewiges Wort gnädiglich aufzuschließen und zu eröffnen, uns in die Erkenntnis seines heiligen Willens einzuführen und alle jene, die an seinem Worte irre werden, auf den wahren Weg zurückzuführen, damit wir gemäß seinem göttlichen Willen unser Leben verbringen.

Weiter wollen wir Gott bitten für alle Fürsten und Machthaber, für die ehrwürdige Regierung der gesamten Eidgenossenschaft, insbesondere aber für die ehrenfesten und weisen Bürgermeister und Räte sowie für das ganze Volk von Stadt und Landschaft Zürich, auf daß Gott alle nach seinem Willen lenke und regiere, damit wir alle ein frommes, wohlgefälliges und christliches Leben führen und nach diesem mühseligen Lebenslauf die ewige Ruhe erlangen mögen. Dazu, daß er all jenen, die um seines Wortes willen von mancherlei Heimsuchungen bedrängt werden, Gnade und Standhaftigkeit zukommen lasse, auf daß sie bis an ihr Ende fest im Bekenntnis ihres Glaubens verharren. Daß er aller Bedrängnis seiner Kirche und allen Unglücks aller Verfolgten väterlich gedenke. Und daß er uns allen nach seiner Barmherzigkeit gnädiglich spenden wolle, wessen wir für Seele und Leib bedürfen. Sprecht aus Herzensgrunde: Unser Vater usw.»

An dieser Stelle werden die Bedrängten, welche die Gebete der Gemeinde erfordern, vom Pfarrer der Fürbitte der ganzen Gemeinde empfohlen. Nach Abschluß der frommen und innigen Fürbitte liest der Pfarrer eine Stelle aus dem Alten oder Neuen Testament, aufgrund deren er, soweit der Herr es geben mag, die Gemeinde lehrt, ermahnt, tadelt, tröstet, Gegner in gemäßigter Weise widerlegt, je nach Ort, Zeiten und Personen, zur Erbauung seiner Zuhörer. Die Bücher der Heiligen Schrift werden aber nicht auseinandergerissen und zerpflückt vorgelegt, sondern vollständig in fortlaufender Reihenfolge erklärt.[48] Sowohl kirchengeschichtliche Werke als auch viele zu den prophetischen und apostolischen Büchern verfaßte und herausgegebene Predigten bezeugen klar und deutlich, daß diese Lehrweise den alten Kirchenvätern in jenen bessren Zeiten vertraut und gebräuchlich gewesen ist. Was nun aber unsere Lehrmeinung anbelangt, so ist deren Gesamtheit in verschiedenen Schriften, die dazu in verschiedenen Sprachen verfaßt sind, enthalten.

Nach der Predigt werden die Namen der in der vergangenen Woche Verstorbenen verlesen. Darauf betet der Pfarrer: «Laßt uns Gott danken, daß er diese Glieder unserer Gemeinde aus dieser verderblichen Zeitlichkeit entrissen und zu den ewigen Freuden geführt hat. Laßt uns beständig wachsam sein und im Gedenken an den Tod von Gott die Standhaftigkeit wahren Glaubens erbitten!» Alsbald schließt er daran das folgende Sündenbekenntnis und Gebet an: «Bekennt Gott eure Sünden, indem ihr sprecht: Ich armer Sünder bekenne dir, Gott, meinem Herrn und Schöpfer, daß ich, o Schmerz, in Gedanken, Worten und Werken schwer gesündigt habe, was du, ewiger Gott, sehr wohl weißt. Es tut mir leid und ich flehe um deine Gnade.

Sprecht in euren Herzen auf folgende Weise: Allmächtiger, ewiger und barmherziger Gott, vergib uns unsere Sünden und führe uns zum ewigen Leben durch Jesus Christus, unsern Herrn, der uns so beten gelehrt hat: Unser Vater, der du bist in den Himmeln, geheiligt werde dein Name usw.» (Matth.6).

Daran schließt sich das Apostolische Glaubensbekenntnis an: «Ich glaube an Gott den Vater usw.»

Anfänglich wurde der Englische Gruß verlesen, – bis zu einer bestimmten Zeit[49]. Doch bei gegebener Gelegenheit, und weil die Notwendigkeit es erforderte, begann man, ihn wegzulassen, weil er kein Gebet ist und von vielen mißbraucht wird. Es ist im übrigen genügend bekannt, daß er in jenen besseren Zeiten, bevor die Heiligen angerufen wurden, keinen Platz unter den Gebeten besessen hat.

Die Gemeinde wird mit folgenden Worten entlassen: «Laßt euch die Armen in euren Almosen wegen Gottes Gebot anempfohlen sein. Betet für mich, ich werde es auch für euch tun. Gehet hin im Frieden, der Herr sei mit euch!»

Sonntags um elf Uhr verliest der Pfarrer nach der Predigt wegen der Knechte und Mägde auch die Zehn Gebote, wobei das Gebot über die Bilder[50] nicht übergangen wird.

An den andern Tagen aber wird den Morgenpredigten das obige Gebetsformular vorangestellt, nach der Predigt dann das Sündenbekenntnis und das Gebet des Herrn gesprochen. Nachher wird anstelle des Apostolischen Glaubensbekenntnisses folgendes Gebetsformular angeschlossen:

«Allmächtiger Gott, laß deinen heiligen Ruhm nicht durch unsere Sünden geschändet werden. Wir haben nämlich vielfach gegen dich gesündigt dadurch, daß wir deinem ewigen Wort nicht gehorchen und durch unsern Undank und unsere Ungeduld täglich deinen Zorn auf uns herabrufen. Zu Recht strafst du uns daher. Doch gedenke, o Gott, deiner heiligen Barmherzigkeit und erbarme dich unser.

Gewähre uns die Erkenntnis unserer Sünden und die wahre Reue. Festige und stärke deine Diener und die Behörden deines Volkes, damit sie dein Wort treu und standhaft verkünden und das Schwert des Staates gesetzmäßig und gerecht gebrauchen. Verteidige uns gegen alle List und Treulosigkeit. Vernichte alle bösen und verderblichen Pläne, die gegen dein Wort und deine Kirche ersonnen werden. O Gott, beraube uns nicht deines Geistes und Wortes, sondern schenke uns die wahre Treue, Geduld und Standhaftigkeit. Komm deiner Kirche zu Hilfe und befreie sie von Gewalttat, Verspottung und Tyrannei. Stärke auch alle zaghaften und bedrängten Herzen und sende uns deinen Frieden durch Jesus Christus, unsern Herrn. Amen.»

Es gibt auch ein kürzeres Gebetsformular für den Beginn des Gottesdienstes, das in der Regel in den andern Gottesdiensten verwendet wird und also lautet:

«Die Gnade, der Friede und die Barmherzigkeit Gottes des Allmächtigen möge uns armen Sündern gewährt werden, Amen. Geliebte im Herrn, laßt uns Gott ernsthaft und innig anrufen und bitten, er möge uns sein heiliges und ewiges Wort nach seinem Willen eröffnen. Danach möge er auch uns seine Gnade schenken, auf daß wir es in unserm Leben zum Ausdruck bringen können. Damit wir diese Gnade von Gott erlangen, sprecht: Unser Vater usw.».

Nach der Predigt wird folgendes Gebet angeschlossen: «Damit euer Gebet Gott wohlgefälliger sei, bekennt eure Sünden und bittet Gott um seine Barmherzigkeit mit folgenden Worten: Allmächtiger Gott, himmlischer Vater, schrecklich haben wir gegen dich gesündigt und sind nicht

würdig, weiterhin deine Kinder zu heißen, doch sei uns gnädig geneigt durch Jesus Christus, deinen geliebten Sohn, unsern Herrn. Sprecht: Unser Vater usw.»
An Dienstagen und Donnerstagen sind um neun Uhr öffentliche Fürbittegottesdienste angesetzt. Die Pfarrer beginnen sie mit dem obgenannten kürzeren Gebetsformular. Nach Beendigung der kurzen Predigt beten sie folgendermaßen:
«Ich ermahne euch alle, Gott den Allmächtigen ernsthaft anzurufen und zu bitten, daß er an uns nicht nach unserm Verdienst Vergeltung übe, sondern nach seiner unendlich Barmherzigkeit durch Jesus Christus uns gnädig geneigt sei, daß er allen Anhängern und Verehrern seines ewigen Wortes Beistand und Hilfe gewähre, uns alle vor Verrat und Verführung bewahre, sein Wort verteidige und beschütze, uns wahren Frieden gewähre und uns aus der Hand aller unserer Verfolger errette.»

34

Dann wird das Sündenbekenntnis angeschlossen, das Unservater und jenes Gebet, das mit den folgenden Worten beginnt: «Allmächtiger Gott, laß deinen heiligen Ruhm nicht durch unsere Sünden geschändet werden usw[51].»

Montags und mittwochs beten im Neunuhrgottesdienst die Pfarrer nach Abschluß der Predigt wie folgt: «Laßt uns Gott bitten, die Sorgen und Bedrängnisse seiner heiligen Kirche zu beachten, besonders aber mit der ewigen Wahrheit und dem Lichtglanz seines Evangeliums den ganzen Erdkreis zu erleuchten. Möge er sich herablassen, die Diener seines Wortes zu belehren, zu verteidigen, zu stärken und zu trösten, auf daß sie die unverfälschte Wahrheit verkünden, Gottes Wort ohne grundlose Angst und ohne Heuchelei in Lehre, Ermahnung und Tadel gewissenhaft

anwenden und den andern mit dem Beispiel eines unsträflichen Lebenswandels vorangehen. Möge er sich herablassen, alle harten und widerspenstigen Herzen zu beugen und zu erweichen, auf daß sie die Wahrheit erfassen und aufhö-
35 ren, sie zu verachten, zu schänden und zu verfolgen, und daß er jene bestärke, welche schon jetzt den wahren Glauben bekennen, damit sie immer mehr im wahren Glauben wachsen und bis ans Ende verharren. Bitten wir auch Gott für alle Behörden, besonders aber für unsere Staatslenker, daß Gott ihnen Glauben, Klugheit und Tapferkeit gewähre und sie dadurch ihre Pflicht erfüllen, richterliche Einsicht und Gerechtigkeit üben, Wahrheit, Unschuld und Frömmigkeit verteidigen, Ungerechtigkeit aber, Verbrechen und Verbrecher geziemend bestrafen.

Bitten wir, er möge uns allen unsere Sünden vergeben und sie uns nicht nach unserer Schuld vergelten, damit wir nicht von unsern Feinden, Türken, oder andern Ungläubigen besiegt, überwältigt, in Gefangenschaft verschleppt, schließlich mit jeglicher Schmach bedeckt und mit dem Schwert völlig vernichtet werden. Bitten wir auch darum, daß er andere schwere Strafen, Teuerung des Korns, Hunger, Pest, Krankheiten und anderes Unheil von uns abwende. Allen Bedrängten und Bedrückten, Gefangenen und Geplagten, besonders aber jenen, die um seines Namens willen Verfolgung erleiden, erweise und spende er Trost, Milderung ihrer Leiden, Geduld und Befreiung.
36 Möge er uns alle vor Aufständen, Kriegen, Verrat, List und Tücke bewahren, all unsere Sorgen barmherzig beachten, uns in seine Obhut nehmen, bis zum Ende trösten und nach seinem Willen bewahren. Amen.»

Das Gebet, das sonst jeweils den theologischen Vorlesungen vorausgeschickt wurde, hat nun seinen Platz vor den späteren Morgenpredigten, die zur gleichen Stunde gehalten werden, ebenso vor den Katechisationen[52] samstags und sonntags: «Allmächtiger, ewiger und barmherziger Gott, dein Wort ist unseres Fußes Leuchte und ein Licht auf unseren Wegen, öffne und erleuchte unsere Herzen und Sinne, damit wir deine Eingebungen rein und unsträflich erkennen und uns in das, was wir als recht erkannt haben, verwandeln, auf daß wir deiner Majestät in keiner Weise mißfallen, durch Jesus Christus, unsern Herrn. Amen.»

Es ist nämlich nicht Sitte, des öftern neue Gebetsformulare zu ersinnen und im Gottesdienst vorzutragen, sondern die gebräuchlichen beizubehalten.

Was nun die einzelnen Pfarreien der Zürcher Landschaft angeht, so werden hier im Sommer sonntags wenigstens zwei Predigten gehalten, die eine vormittags, die andere nachmittags, in welcher die Pfarrer die Kinder unterweisen usw. Daneben sammeln sie ihre Kirchgemeinde auch die Woche hindurch zu Predigt und Gebet.

Fasten, welche zu innigeren Gebeten gehören, schreibt die Kirche nicht vor, sie stellt sie dagegen frei. Indessen ermahnen die Pfarrer ihre Zuhörer, von all dem sich fernzuhalten, was sie zum Nachdenken über den Himmel unfähig machen könnte.

37

*

Auf dem Lande werden je nach Ort gewöhnlich drei oder vier Predigten wöchentlich gehalten, sonntags zuerst die Frühpredigt, dann am Nachmittag die katechetische

Predigt, unter der Woche dienstags eine Frühpredigt, dazu wird samstags meist die Woche mit Lesung und Gebet geschlossen. In der Stadt (Zürich) sind die Predigten sehr häufig; ich zähle sie im folgenden nicht nach Kirchen, sondern nach Wochentagen auf:
1. Sonntags wird vormittags im Sommer um halb acht, im Winter um acht Uhr in allen Kirchen gepredigt, und zwar vom Hauptpfarrer jeder Kirche.
2. Sonntags elf Uhr wird in allen Kirchen die Katechismuspredigt von den Diakonen (Helfern) gehalten.
3. Sonntags wird zur nachmittäglichen Stunde (ein Uhr) im Großmünster vom Archidiakon gepredigt, in den übrigen Kirchen von den Diakonen (Helfern).
4. Montags früh (im Sommer um fünf, im Winter um sechs Uhr) wird im Großmünster und St. Peter gepredigt, hier vom Pfarrer oder seinem Stellvertreter (Vikar), dort von einem Exspektanten, die sich abwechslungsweise üben.
5. Montags um acht (bzw. neun) Uhr nur im Großmünster durch einen der Diakone, außer wenn in andern Kirchen Trauungen stattfinden.
6. Dienstags früh wird um sechs (sieben) Uhr in allen vier Kirchen ein größerer Predigtgottesdienst mit Gesang gehalten.
7. Mittwochs früh predigt um fünf (sechs) Uhr im Großmünster der Archidiakon.
8. Mittwochs früh acht (neun) Uhr predigt in der gleichen Kirche ein weiterer Diakon.
9. Mittwochs abends fünf Uhr findet in allen Kirchen eine kleine Predigt, das sog. Abendgebet, statt, wobei aus dem Neuen Testament ein halbes Kapitel erklärt und nahegebracht wird.

10. *Donnerstags predigt um fünf (sechs) Uhr morgens im Großmünster der Pfarrer von Zollikon.*
11. *Donnerstags predigt um acht (neun) Uhr morgens im Großmünster einer der beiden Diakone, im St. Peter der Diakon oder sein Stellvertreter.*
12. *Freitags um fünf (sechs) Uhr morgens wird im Großmünster Predigt gehalten; diese Stunde ist für den Antistes bestimmt, der aber meistens einen Stellvertreter hat.*
13. *Am Samstagmorgen predigt im Großmünster abwechslungsweise einer der Exspektanten.*
14. *Um zwei Uhr nachmittags wird im Großmünster die Katechismuspredigt gehalten, zu der aus allen Grundschulen, lateinischen und deutschen Schulen die Knaben und Mädchen zusammenkommen, klassenweise aus der ganzen Stadt durch ihre Lehrer und Lehrerinnen herbeigeführt.*
15. *Samstags wird um fünf Uhr abends in allen Kirchen eine kleine Predigt gehalten, wie mittwochs, wo der zweite Teil jenes Kapitels, dessen Erklärung am Mittwoch angefangen worden war, behandelt wird, und so kommt es, daß innerhalb eines Zeitraums von etwa fünf Jahren in diesen sog. Abendgebeten gewissermaßen eine kurze Erklärung des gesamten Neuen Testaments gehört und aufgenommen werden kann.*

Aus dieser Aufzählung ergibt sich, daß in Zürich in jeder Woche je nach Kirche zwischen sechs und fünfzehn Predigten gehört werden können.

Bei uns pflegt während des Gottesdienstes niemand ein- oder auszugehen, und deswegen herrscht auch keine Unruhe und keine Störung, wie wir sie andernorts beobachten.

Folgende Predigtordnung wird eingehalten: Sonntags

und dienstags, in den Hauptpredigten, beginnen und schließen wir mit Gesang, dann besteigt der Pfarrer die Kanzel und betet feststehende, nicht frei formulierte Gebete aus der Liturgie[53]. Wenn er zum Unservater kommt, kniet er so lange in der Kanzel nieder, während das Volk das Gebet still verrichtet, darauf erhebt er sich wieder und verliest den Text, über welchen er so predigt, daß seine Predigt außer in ganz besonderen Fällen nie länger als eine Stunde dauert, haben wir Predigten doch in sehr großer Häufigkeit. Nach Predigt, öffentlichem Sündenbekenntnis[54], Danksagung, Gebeten und Segen wird die Gemeinde in der Art, wie es Lavater aus der Liturgie anführt, entlassen.

Besondere sonntägliche Texte finden bei uns keine Verwendung, sondern nach den Verordnungen der Behörden und der Synode werden die Bücher der gesamten Heiligen Schrift erklärt. Angeraten werden etwas umfangreichere

41 *Texte, vorgeschrieben wird insbesondere sonntags früh die Erklärung eines der vier Evangelisten. Bestattungen werden sonntags in der Stadt nicht abgehalten, auf dem Lande sind sie wegen der geringen Anzahl anderer Gottesdienste erlaubt, aber durch bestimmte Gesetze beschränkt. Trauungen werden in der Stadt montags, auf dem Lande dienstags durchgeführt; am Sonntag Hochzeit zu feiern, ist verboten außer im Osten, wo Reformierte mit Katholiken gemischt leben und wir nicht die uneingeschränkte Amtsgewalt über die äußeren Lebensformen besitzen, doch bemühen sich die Pfarrer, das Volk von diesem Mißbrauch soweit wie möglich abzubringen.*

Außer den angeführten Predigten halten die vertriebenen Hugenotten sonntags zweimal, mittwochs einmal je vor-

*mittags im Fraumünster, Gottesdienst, dazu verrichten sie dort in der Regel täglich Gebete mit Gesang.*⁵⁵

Was die Gebete anbelangt, so haben wir gewisse Einzelheiten berührt, die übrigen können teils unserer Liturgie (Kirchenordnung), teils Lavaters Text entnommen werden. Eine Veränderung ist jedoch insofern eingetreten, als es gut schien, die dritte Person durch die zweite und die Aufforderung zum Gebet durch eine Bittformel zu ersetzen. Wenn z.B. früher gesagt wurde «Lasset uns Gott bitten, er wolle uns sein Wort gnädiglich offenbaren», so wird nun gesagt: 42 *«O Gott, wir bitten dich, du mögest uns dein Wort gnädiglich offenbaren». Hinzugekommen sind außerdem einige Gebete der Liturgie, die zu Lavaters Zeit noch nicht in Gebrauch waren, nämlich das Gebet, welches Sonntag abends und in den frühen Morgenpredigten gebetet wird, und zwar ist es jenes, das in der Niederländischen Liturgie unter dem Titel ‹Een korte Forme des Gebetts nae de Predicatie› vorhanden ist. Im Jahre 1567 ist aus Anlaß der niederländischen Unruhen*⁵⁶ *ein Gebet hinzugekommen, das wir das Kriegsgebet nennen, im Jahre 1572 aus Anlaß einer Getreideteuerung ein Gebet, das wir das Zinstagsgebet nennen, im Jahre 1611 das Gebet, das bei Bestattungen gebetet zu werden pflegt.*

X
Der Kirchengesang

Die Sitte zu singen hat die Zürcher Kirche aus vielen Gründen nicht aufgenommen, weil sie die den Gottesdiensten gewidmete Zeit lediglich dem Hören auf Gottes Wort und den Gebeten widmete. Indessen mißbilligt sie jedoch in keiner Weise einen maßvollen Gesang, sei es öffentlich in Gottesdiensten, sei es privat zuhause. Denn sowohl in Winterthur als auch in Stein am Rhein,[57] zwei Landstädten unter zürcherischer Herrschaft, singen sie Psalmen in der Volkssprache.

*

Den Gesang haben wir zum Teil schon erwähnt.[58] Es verwundert nicht, daß er nach dem Bericht des Autors zur Reformationszeit aus den Kirchen entfernt wurde, war er doch abergläubisch, zu Ehren der Heiligen und in einer fremden Sprache[59] ausgeführt. Er ist jedoch durch Rückkehr zum früheren Zustand, aber in zuträglicher Weise, wiederhergestellt worden. Es werden nämlich vor und nach der Predigt die Lobwasser'schen Psalmen[60] vorgetragen, an Festtagen werden auch die heiligen Lobgesänge beigezogen, welche die Wundertaten Gottes eindringlich loben und größtenteils in Nachahmung der alten Hymnen der Urkirche in die Volkssprache übersetzt wurden.

Gewöhnlich werden die Psalmen gesungen, wenn nicht außergewöhnliche Zeiten, Fasten und Feierlichkeiten etwas anderes erfordern. An Sonntagen wird nach der Unterweisung[61] im Chor eine Zusammenfassung jenes Stoffes, der in der Unterweisungsstunde erklärt worden ist, gesungen. Bei dieser Gelegenheit ist noch daran zu erinnern, daß alljährlich der ganze Katechismus erklärt und durchgenommen wird und eben auch der von uns so genannte «Katechis-

musgesang», der verschiedene Melodien der Kirchenhymnen, besonders der besagten alten Psalmen, zuläßt.[62]

XI
Die Unterweisung der Kinder

Jeden Samstag Nachmittag um drei Uhr lehrt der Katechet die Kinder [63] aus allen Schulen, den lateinischen und deutschen, im Großmünster, wohin sie von ihren Lehrern geführt werden, die wichtigsten Hauptstücke der christlichen Religion, die Zehn Gebote, das Gebet des Herrn, das Apostolische Glaubensbekenntnis und eine kurze Zusammenfassung über die Sakramente. Wenn er nun in der Unterweisung bis zu einem bestimmten Punkte fortgeschritten ist, befragt er sonntags um drei Uhr nachmittags die Kinder (deren Namen er auf einem von ihren Lehrern geschriebenen Zettel erhalten hat) in der Kirche, ich betone, öffentlich und bei großem Besuch der Erwachsenen, über das, was er ihnen beigebracht hat, und lehrt die Kinder, auf kurze Fragen richtig zu antworten. Zugleich schärft er auch wegen der großen Teilnahme des Volkes das alles, was er den Kindern zum vertrauten Wissen gemacht hat, der Mehrzahl der Zuhörer ein.

*

Die Unterweisung der Unkundigen wird nach allgemeinen und besonderen, von der hohen Regierung aufgestellten Gesetzen zu Hause von den Eltern, in den Schulen von den

Lehrern und in der Kirche von den Diakonen ausgeübt. Wir haben einen vorzüglichen Katechismus,[64] den sog. Zürcher Katechismus, der zwar in der Regel dreiteilig ist, den wir aber wie einen einzigen benützen. Der erste Teil enthält kurze, sehr einfache, deutliche und ganz knappe Fragen, in denen in vier Stunden eine Zusammenfassung der ganzen christlichen Religion vorgetragen werden kann; diesen Teil nennen wir die Fragstücklein[65]. Der zweite Teil bietet gemäß derselben Methode und meistens denselben Fragen, eine etwas ausgedehntere Zusammenfassung der christlichen Lehre über das Gesetz, das Evangelium, die Dankbarkeit und die Sakramente; wir nennen ihn den Lehrmeister. Der letzte Teil enthält nichts anderes als die Lehrsätze desselben Katechismus, aber jeweils durch die Zeugnisse der Heiligen Schrift belegt und erläutert; wir nennen diesen Teil die Zeugnisse[66]. Von diesen und anderen Glaubensschriften läßt die Regierung alljährlich einige tausend Exemplare unter die Armen, die Konvertiten und andere verteilen. Zu diesem Katechismus haben neben verschiedenen nur im Manuskript vorhandenen Schriften recht viele [Autoren] ihre Erläuterungen und Kommentare publiziert: Beumler, Wyss, Burckhard, Meyer, Bischofberger, Anhorn, Zeller.[67] Andere Katechismen werden nicht zurückgewiesen, seien es offizielle oder private, wie der Pfälzer, der französische, der von Drelincourt[68]; es steht nämlich frei und ist löblich, auch andere beizuziehen. Aber für öffentlichen und kirchlichen Gebrauch ist der unsrige allein eingeführt, damit die Pfarrer nicht durch die Anwendung einer anderen Methode den Sinn der Schwächeren in eine abweichende Richtung lenken, sondern damit jeder nach derselben Richtschnur wandle.

XII
Die Taufe

Die Kinder werden am Tage ihrer Geburt, sofern Todesgefahr besteht, aber auch sonst, oder an den bald darauffolgenden Tagen (das steht nämlich frei), von den Nachbarfrauen zur Taufe gebracht. Der Pfarrer aber beginnt folgendermaßen:

«Im Namen Gottes, Amen. Unsere Hilfe steht in der Kraft des Herrn, der Himmel und Erde gemacht hat. Wenn ihr also wollt, daß dieses Kind getauft werde mit der Taufe unseres Herrn Jesus Christus, so sprecht ‹Ja!› und gebt dem Kind den Namen.» Nun antworten die Paten «Ja!» und nennen den Namen, mit dem das Kind gerufen werden soll. Darauf fährt der Pfarrer fort und spricht:

«Bedenket also, daß Gott, unser Erretter, will, daß alle Menschen zur Erkenntnis der Wahrheit gelangen durch den einzigen Mittler, Jesus Christus, der sich selbst zur Erlösung für viele hingegeben hat. Er will auch, daß unsere gegenseitigen Gebete sich vereinen, auf daß wir zur Einheit des Glaubens und zur Erkenntnis des Sohnes Gottes, unseres Erlösers, gelangen. Laßt uns daher den Herrn bitten, daß er diesem Kindlein den Glauben bringen möge und daß die äußerlich vollzogene Taufe innerlich durch den heiligen Geist ein heilbringendes Wasser werde. Betet also in folgender Weise:

Allmächtiger, ewiger Gott, der du durch die Sintflut nach deinem strengen, aber gerechten Urteil die ungetreue Welt verdammt, aber den getreuen Noah durch deine unermeßliche Barmherzigkeit als achten[69] errettet hast, den hartherzigen Pharao mit seinem ganzen Volk im Roten Meer ertränkt, dein Volk Israel aber trockenen Fußes hindurchgeführt hast, worin diese Taufe im voraus angedeutet worden ist. Wir bitten dich bei deiner unermeßlichen Barmherzigkeit, du mögst dich dazu herablassen, gnädig auf diesen deinen Knecht N. zu schauen und das Licht des Glaubens in seinem Herzen anzuzünden, damit er dadurch deinem Sohn eingepflanzt werde, mit ihm zusammen in den Tod begraben werde und auch zu einem neuen Leben auferstehe, in welchem er sein Kreuz tragen und dem Herrn täglich eifrig nachfolgen soll, ihm in wahrem Glauben, fester Hoffnung und inniger Liebe anhangen soll, damit er dieses Leben, das nichts anderes als Tod ist, deinetwegen tapfer verachten und am Jüngsten Tag vor dem Weltgericht deines Sohnes unerschrocken erscheinen kann, durch die Hilfe unseres Herrn Jesus Christus, deines Sohnes, der mit dir lebt und regiert in Einheit mit dem Heiligen Geist, Gott für alle Zeiten. Amen.

Hört nun die frohe Botschaft, die Markus im 10. Kapitel seines Evangeliums beschreibt:

Und sie brachten die Kinder zu Jesus, damit er sie berühre. Die Jünger aber schalten die, welche sie brachten usw. bis zu folgenden Worten: Indem er ihnen die Hände auflegte, segnete er sie.»

Der Pfarrer fährt fort und spricht: «Gelobt sei Gott, der uns durch seinen Sohn alle unsere Sünden vergeben will. Amen.» Darauf wendet sich der Pfarrer den Paten zu und spricht: «Auf Ansuchen der Eltern bringt ihr dieses Kind zur Taufe, da ihr ihm Ermahner zu einem unsträflichen Lebenswandel als Stellvertreter der Eltern sein wollt. Deswegen ermahne ich euch zu erwägen, daß unser Gott der wahre Gott ist, der will, daß wir ihn in Wahrheit verehren.

Wie ihr also dieses Kind zur Taufe bringt und die Sorge für es übernehmt, so sollt ihr von nun an, wenn es die Not erfordert, dasselbe tun, soweit es in euren Kräften steht. Und gebt euch Mühe, daß dieses Kindlein zum Ruhme Gottes, dem wir es nun darbringen, erzogen werde.» Nach diesen Worten nimmt der Pfarrer das Kind über dem Taufstein in seine Hände und sagt zu den Taufzeugen oder Paten: «Wenn ihr wollt, daß dieses Kind zur Taufe unseres Herrn Jesus Christus gebracht werde, so sprecht Ja! und gebt dem Kind den Namen!»

Hier antworten die Paten Ja! und nennen das Kind bei seinem Namen. Nun benetzt der Pfarrer das Kind dreimal mit Wasser (taucht es aber nicht ein) und spricht: «N., ich taufe dich auf [70] den Namen Gottes des Vaters, des Sohnes und des Heiligen Geistes.» Er wendet kein Öl, kein Salz, keinen Speichel und keine Teufelsaustreibung an.[71]

Zuletzt wünscht er dem Kind Glück mit den Worten: «Möge Gott bewirken, daß du zu einem frommen Manne heranwachsest!» oder auch «daß du vor Gottes Gericht ruhigen Gewissens erscheinen kannst.» Und damit werden die Frauen entlassen. Endlich werden der Name des Kindes, der Eltern und der Taufzeugen ins Kirchenbuch eingeschrieben, damit die Wiedertäufer dadurch, daß sie ihre Kinder der Heiligen Taufe heimlich entziehen, keinen Betrug begehen können, und damit, sollte über Geburt und Abstammung in Erbfällen ein Streit entbrennen – oder auch über das Alter irgendeines Menschen vor dem Ehegericht, aus dem Kirchenbuch Zeugnis geholt werden kann.

Die gleiche Art und Weise wird im gesamten Herrschaftsgebiet Zürichs beobachtet, außer daß in den meisten

Pfarreien die Kinder sonntags nach der Predigt getauft werden, bevor die Gemeinde entlassen wird.

Die sog. Nottaufen der Hebammen billigt die Zürcher Kirche nicht. Für das Heil jener Kinder, die durch unvermeidliche höhere Gewalt der Taufe entzogen worden sind, hegt sie indessen gute Hoffnung.[72]

*

Der Autor stellt die Taufliturgie vollständig dar. Die Bräuche sind vor allem folgende: Zeugen werden nur zwei beigezogen, der Gevatter (Pate) und die Gevatterin (Patin). Wenn die Gevatterin eine Jungfrau ist, trägt sie eine mit Edelsteinen besetzte und mit einem Band geschmückte Brautkrone[73] auf dem Kopf und zieht kostbare Kleider an. Die Hebamme trägt das Kind, wenn die Predigt beinahe zu Ende ist, in die Kirche; der Diakon begibt sich nach der Predigt und den Gebeten, aber noch vor dem Gesang, während noch die gesamte Gemeinde anwesend ist, zum Taufstein, der Gevatter und die Gevatterin treten hinzu, diese hält das Kind auf den Armen, während der Diakon (in der Stadt üben nämlich nur sie diesen Dienst aus) den Taufsegen vorliest; sie hält das Kind dem Diakon, wenn er es mit Wasser besprengen will, hin und ruft oder spricht seinen Namen aus.

Nach der Taufe übergeben die Paten in der Kirche der Hebamme anstelle des Kindes einen Taufbatzen, der Taufzeuge (Pate) gibt der Taufzeugin (Patin) ein weiteres Geldgeschenk als Ehrengabe. Die Patin trägt das Kind nach

Hause, umgeben von einem großen Haufen Nachbarinnen, welche alle der Wöchnerin Glück wünschen.

Den Paten nennen wir bei uns Götti / Taufgötti, die Patin Gotte / Taufgotte. In der ersten oder zweiten Woche nach der Taufe kommen die Patin und die Gattin des Paten die Wöchnerin besuchen und bringen ihr wie auch dem Kind Geschenke. In diesem Bereich werden große Ausgaben gemacht und blühen viele Mißbräuche, gegen die es freilich gute Gesetze gibt; aber die schlechte Gewohnheit ist ein großer Tyrann.

Im Thurgau und im Rheintal ist die Sitte aufgekommen, daß, wer beim ersten Kind Pate ist, auch für alle folgenden Kinder derselben Eltern als Taufzeuge gebeten wird. Die Frauentaufe ist nicht gestattet; dort jedoch, wo der Abt von St. Gallen gewisse Herrschaftsrechte besitzt, versucht er sie den unsern mit Gewalt aufzudrängen: bis jetzt allerdings vergeblich.

Getauft werden die Kinder nach der üblichen Ordnung nur dann, wenn Gottesdienste in der Kirche stattfinden, außerhalb der üblichen Ordnung aber auch zu andern Stunden, niemals aber zur Nachtzeit, damit wir nicht den Anschein erwecken, den Nachlaß der Sünden, der nur durch Christi Blut geschieht, an ein äußerliches Element zu binden.[74]

XIII
Das Abendmahl

Vor jenen bestimmten und festgesetzten Tagen, an denen die Eucharistie gefeiert wird, werden die Predigten an das

A. Le Pasteur et Deux Ministres, qui distribuent le Pain et le Vin Sacré.
B. Le Diacre faisant la même chose.
C. Lecteur.

COMMUNION
dans
L'EGLISE du FRAU=MUNSTER
à ZURICH.

D. Marguillier.
E. Table Sacrée. Tous les autres sont des Communians.
F.F. Partie Antérieure de l'Eglise du Frau=Munster.

Volk über die Würde und den Nutzen der Eucharistie gehalten, ebenso darüber, auf welche Weise sich ein jeder auf den Empfang des heiligen Mahles vorbereiten soll. Auch an jenen Tagen selbst, an denen es gehalten wird, finden kurze Ermahnungen an die Gemeinde statt, auf daß niemand den Leib und das Blut Christi in unwürdiger Weise empfange. Ist die Predigt zu Ende, so wird ein tragbarer Tisch von den Dienern[75] in die Kirche getragen und vor dem sog. Chor aufgestellt; er wird mit einem sauberen Tischtuch bedeckt. In einem Korb wird ungesäuertes Brot auf diesen Tisch gestellt, saubere, hölzerne Becher werden mit Wein gefüllt. Kein Glanz und Luxus von Gold, Silber oder Edelsteinen ist hier zu sehen, alles ist schlicht, aber sauber, und entspricht der Einfachheit der Urkirche. Den Tisch umstehen die Diener der Kirche und die älteren Theologiestudenten. Darauf tritt der Pfarrer der Kirche mit zwei Diakonen an den Tisch, und in ihrer Mitte stehend beginnt er mit lauter Stimme in der Muttersprache, um von allen verstanden zu werden, also:

«Im Namen Gottes, Amen. Laßt uns beten! Allmächtiger, ewiger Gott, den mit Recht alle Geschöpfe verehren, anbeten und lobpreisen als ihren Erbauer, Schöpfer und Vater, gib uns armen Sündern, daß wir dieses Lob und diese Danksagung, die dein eingeborener Sohn, unser Herr Jesus Christus uns zu begehen gelehrt hat, in aufrichtigem Glauben vollbringen. Das bitten wir dich durch unseren Herrn Jesus Christus, deines Sohnes, willen, der mit dir lebt und regiert in Einigkeit des Heiligen Geistes, Gott in Ewigkeit, Amen.»

Der zur Linken stehende Diener spricht nun so: «Was

nun vorgelesen wird, steht geschrieben im 11. Kapitel des 1. Briefes an die Korinther, Verse 20-29: Wenn ihr nun an *einem* Ort zusammenkommt, so ist es nicht möglich, das Mahl des Herrn zu essen» usw. bis zu folgendem Vers: «wenn er den Leib des Herrn nicht unterscheidet.»

54 Danach beginnt der Pfarrer folgenden Lobpreis: «Ehre sei Gott in der Höhe!», wobei die Diener (Diakone) ihn alsbald wechselweise ablösen: Der Diakon zur Rechten sagt: «Und Frieden auf Erden», der Diakon zur Linken: «Den Menschen ein gesunder und ruhiger Sinn», der Diakon zur Rechten: «Wir loben dich, wir preisen dich usw.» und so fort. Nach beendetem Lobpreis sagt der Diakon zur Rechten mit lauter Stimme: «Der Herr sei mit euch», der Pfarrer mit dem Diakon zur Linken antwortet: «Und mit deinem Geiste».

Der Diakon fährt fort: «Was jetzt aus dem Evangelium des Johannes vorgelesen wird, steht im 6.Kapitel Verse 47-63.» Der Pfarrer antwortet mit dem Diakon: «Ruhm sei dir, o Herr.» Der Diakon: «So hat Jesus gesprochen: Wahrlich, wahrlich, ich sage euch: Wer an mich glaubt, hat ewiges Leben» usw. bis zu diesem Vers: «Die Worte, die ich euch rede, sind Geist und Leben.» Nach diesen Worten sagt der Pfarrer: «Ehre sei Gott», die Diakone antworten: «Amen».

Der Pfarrer beginnt das Glaubensbekenntnis: «Ich glaube an *einen* Gott», der Diakon zur Rechten: «den allmächtigen Vater, den Schöpfer des Himmels und der Erde», der Diakon zur Linken: «und an Jesus Christus, seinen eingeborenen Sohn, unsern Herrn» usw. Sie tragen im Wechsel die Artikel bis ans Ende vor.

Nach der Verlesung der Glaubensartikel beginnt der

Pfarrer, die Gemeinde auf das Abendmahl vorzubereiten und mit folgenden Worten zu ermahnen: «Jetzt wollen wir, geliebte Brüder, gemäß dem Brauch und der Einsetzung durch unsern Herrn Jesus Christus dieses Brot essen und diesen Trank trinken, was nach seiner Lehre geschehen soll zum Andenken, zum Lob und zur Danksagung dafür, daß er für uns den Tod erlitten hat und daß er sein Blut vergossen hat, um unsere Sünden abzuwaschen. Deshalb prüfe und befrage, gemäß dem Worte von Paulus, ein jeder, welches Vertrauen und welche Gewißheit er zu unserem Herrn Jesus Christus hat, damit sich keiner für einen Jünger Christi halte, obwohl er keinen Glauben hat, und so schuldig werde am Tode des Herrn, und damit sich keiner gegen die gesamte Gemeinde Christi (die sein Leib ist), versündige. Deshalb werft euch auf die Knie und betet: Unser Vater, der du bist im Himmel» bis zu Ende. Und sobald die Diener (Diakone) Amen geantwortet haben, fährt der Pfarrer fort: «Erhebt eure Herzen zu Gott und sprecht: Herr, allmächtiger Gott, der du uns durch deinen Geist in der Einheit des Glaubens zu deinem *einen* Leib zusammengefügt hast, dem du geboten hast, daß er dich loben und dir danken soll für die Gnadengabe und Wohltat, daß du deinen eingeborenen Sohn, unsern Herrn Jesus Christus, für unsere Sünden in den Tod gegeben hast: Gib, daß wir dieses dein Gebot mit solcher Treue erfüllen, daß wir dich, die unbetrügliche Wahrheit, mit keiner lügnerischen Vorspiegelung beleidigen oder erzürnen. Gib auch, daß wir so unsträflich leben, wie es sich für deinen Leib, deine Söhne und deine Familie geziemt, auf daß auch die Ungläubigen deinen Namen und deinen Ruhm erkennen lernen. Behüte uns, Herr, daß nicht dein Name und deine Ehre um der Verkehrtheit unseres Lebens willen geschmäht werde. Herr, mehre in uns allzeit den Glauben, das heißt, unser unbezweifeltes Vertrauen auf dich, der du, Gott, lebst und regierst in Ewigkeit». Die Diener (Diakone) antworten: «Amen».

Der Pfarrer fährt fort: «Jetzt hört mit wahrem Glauben, wie Jesus Christus das Abendmahl begangen und wie er es in Glauben und Dankbarkeit zu begehen uns gelehrt hat. Jesus nahm in der Nacht, da er in den Tod hingegeben ward, das Brot (hier nimmt der Pfarrer das ungesäuerte Brot in die Hand), und als er Dank gesagt hatte, brach er es und sprach: Nehmt, esset, das ist mein Leib, der für euch hingegeben wird. Dies tut zu meinem Gedächtnis. (Hier reicht der Pfarrer gleichzeitig das Brot den zur Rechten und zur Linken stehenden Dienern/Diakonen, die es ehrfürchtig empfangen und den am Tisch Stehenden[75] weiterreichen.) Ebenso nahm er nach dem Mahl auch den Becher (hier nimmt der Pfarrer den Becher in die Hände), dankte und sprach: Trinket alle daraus. (Zugleich reicht er den Becher dem Diakon zur Rechten, der ihn dann den neben ihm Stehenden weitergibt.) Dieser Kelch ist das Neue Testament in meinem Blut. Sooft ihr das tut, tut es zu meinem Gedächtnis! Denn sooft ihr dieses Brot eßt und von diesem Kelch trinkt, werdet ihr den Tod des Herrn verkünden, lobpreisen und danken, bis daß er kommt. Der Herr verleihe uns, daß wir sein Andenken würdig, in Glaube und Liebe begehen. Amen.»

Danach tragen Diener das ungesäuerte Brot in Tellern durch die ganze Gemeinde, und jeder empfängt in seine Hand ein Stück des dargebotenen Brotes und gibt nachher das übrige Brot an den neben ihm sitzenden Teilnehmer weiter. Darauf folgen andere Diener mit Bechern und Kannen und reichen den Becher des Herrn, der eine diesem, der andere jenem, und so nehmen alle an *einem* Brot und an *einem* Becher teil. Während so das Mahl des Herrn gefeiert wird, liest unterdessen ein anderer Diener (Diakon) von der Kanzel herab das Abendmahlsgespräch vor, wie es Johannes in einigen Kapiteln schildert, wobei er mit dem 13. Kapitel beginnt, wo die Fußwaschung beschrieben wird. Sobald alle Kelche und Kannen zurückgekehrt sind, wirft sich die ganze Gemeinde zum zweiten Mal auf die Knie, um Gott für seine unermeßlichen Wohltaten zu danken. Der Pfarrer spricht so: «Laßt uns Gott danken!» Und zugleich beginnt er den 113. Psalm zu lesen, den nach alter Überlieferung die Israeliten bei der Feier des Passalammes vorgelesen haben: «Lobet, ihr Knechte, den Herrn, lobt den Namen des Herrn.» Die Diakone lesen den Psalm abwechselnd. Danach ermahnt und tröstet der Pfarrer die Gemeinde mit folgenden Worten: «Erinnert euch jetzt, geliebte Brüder, welch großes Geheimnis wir jetzt gemäß Christi Befehl zusammen erfahren haben. Wir haben nämlich durch diese Danksagung, die wir aus Glauben vollbracht haben, bezeugt, daß wir zwar arme Sünder sind, aber gereinigt durch den Leib und das Blut Christi, die er für uns hingegeben und vergossen hat, dazu aber auch erlöst vom ewigen Tode. Wir haben bezeugt, daß wir Brüder sind: Zeigen wir dies also in Liebe, Glauben und gegenseitigem Liebesdienst. Laßt uns daher den Herrn bitten, daß wir seinen bitteren Tod tief im Herzen so bewahren wollen, daß wir zwar täglich den Sünden absterben, uns aber durch alle Tugenden so stützen und durch das Gnadengeschenk seines Geistes so wachsen, daß der Name des Herrn in uns geheiligt, unser Nächster aber geliebt und unterstützt werde. Der Herr erbarme sich unser und segne uns; er erleuchte sein Angesicht über uns und sei uns gnädig. Amen.

Herr, unser Gott, wir sagen dir Dank für alle deine Gaben und Wohltaten, der du lebst und regierst, Gott, in alle Ewigkeit, Amen.»
Der Pfarrer sagt: «Geht hin in Frieden!» Darauf geht die Gemeinde auseinander.

In jenen Pfarreien der Zürcher Landschaft aber, die keine Diakone haben, sprechen die Pfarrer alles das allein, was in der Stadt zwei oder drei tun. Darauf treten die Gemeindeglieder, die am Abendmahl teilnehmen wollen, einzeln an den in der Kirche aufgestellten Tisch des Herrn, zuerst die Männer, darauf die Frauen, und essen mit großer Ehrfurcht das aus der Hand des Pfarrers empfangene Brot und trinken vom Wein. Zuweilen legen die Pfarrer selbst das Brot in den Mund der Herantretenden und führen den Becher an deren Mund. In gewissen Kirchen treten die Männer erst hinzu, nachdem sie ihre Degen wegen ihrer Bedeutung[76] abgelegt haben.

*

Das heilige Mahl des Herrn wird bei den Zürchern alljährlich dreimal gefeiert, mehrmals an Weihnachten, mehrmals (im Großmünster und im St. Peter dreimal) am Feste des Leidens und der Auferstehung des Herrn und wie-

derum mehrmals an Pfingsten. Die Liturgie bietet Lavater vollständig. Einige Wochen vorher pflegen die Jüngeren über den wahren Sinn dieses Geheimnisses und über die gebührende Vorbereitung, es würdig zu empfangen, unterwiesen zu werden, vornehmlich diejenigen, denen zum erstenmal der Zugang zu diesen gewaltigen Geheimnissen 60 offensteht; was in der Stadt mit dem fünfzehnten oder sechzehnten, auf dem Lande mit dem achtzehnten oder neunzehnten Lebensjahr zu geschehen pflegt, wobei jedoch Fortschritte gemacht zu haben, mehr gilt als ein vorgerückteres Alter aufzuweisen. Meistens werden auch noch Vorbereitungspredigten gehört.[77]

Die Liturgie lesen in den Stadtkirchen ihrer drei zugleich, gleichsam im Wechselgesang (antiphonisch), wobei das, was der Diakon liest, dem Pfarrer gleichsam im Namen der ganzen Gemeinde antwortet. Auf dem Lande liest der Pfarrer die Liturgie allein.

Wir verwenden ungesäuertes Brot nicht etwa aus einer Notwendigkeit heraus, sondern weil dies zur Zeit der Reformation selbst nicht geändert worden war und in den später eingerichteten Kirchgemeinden so geblieben ist. Daß aber nicht einmal jetzt gesäuertes Brot benützt wird, kommt daher, daß mit den Bräuchen und Einrichtungen unserer Gemeinden andere, von uns des öftern erwähnte Gemeinden verbunden sind, die unter dem Religionsfrieden im Thurgau und Rheintal unter Katholiken leben. Weil sich dort das ungesäuerte Brot nun schon anderthalb Jahrhunderte behauptet, können sie den Gebrauch von gesäuertem Brot nicht leicht übernehmen ohne Verleumdungen und Beleidigungen von Seiten jener, unter denen sie leben, als ob täglich in der Religion etwas verändert würde. 61

Damit solchen Verleumdungen kein Raum gegeben wird, bleibt ungesäuertes Brot, wenn auch ohne jeden Zwang. Die Austeilung geht in der Stadt anders als auf dem Lande vor sich. In der Stadt schreiten die Pfarrer, die Diakone, die Professoren, die Lehrer und andere Diener des Göttlichen Worts[78] nach der Segnung zu den einzelnen Bänken und reichen den am Platz bleibenden Gläubigen die heiligen Zeichen. Auf dem Lande treten die Zuhörer zum Tisch des Herrn, und vom Pfarrer wird das Brot, vom Verwalter des Kirchengutes oder von einem älteren Gemeindeglied[79] der Wein gereicht. Die meisten brechen das vom Pfarrer gebrochene Stückchen ungesäuerten Brotes zum Andenken an den Leib des Herrn auch noch selbst. Zweimal wird an einem Fest Abendmahl gefeiert, damit die, welche wegen ihrer Familie und Kleinkinder am einen Tag nicht von zu Hause abwesend sein können, am andern Tag die Möglichkeit erlangen teilzunehmen; dennoch werden die Mehrzahl, vorzüglich die Leute im vorgerückten Alter, an beiden Tagen der heiligen Zeichen teilhaftig.

XIV
Einzelbeichte und Absolution

Die Zürcher Kirche hat die Einzelbeichte und -absolution nicht beibehalten, weil sie kein Gebot und Vorbild in der Heiligen Schrift findet. Sie begnügt sich mit der öffentlichen Beichte, welche von allen unter Führung des Pfarrers allein gegenüber Gott vollzogen wird. Wenn indessen jemand in sehr schwierigen Umständen unter dem Druck eines Verbrechens Rat vom Pfarrer erbittet, lehnt sie das nicht ab. Die Absolution kündigt der Pfarrer desgleichen öffentlich an und bezeugt, daß allen, die Reue zeigen und auf Christus vertrauen, die Sünden erlassen sind. Desgleichen tröstet er die Menschen privat aus Gottes Wort, verbindet damit aber keinen neuen Brauch.

*

Wir glauben, daß das Bekenntnis der Sünden so notwendig ist, daß es keinen Gottesdienst gibt, bei dem es nicht öffentlich vor Gott geschieht.[80] *Diejenige Beichte aber, die vor Menschen geschieht, wie sie bei den Katholiken in Ansehen steht, verwerfen wir. Die freiwillige Beichte, wenn sich jemand in einer verborgenen Sünde nicht selbst Rechtfertigung zu geben vermag und deshalb Rat und Trost bei einem Pfarrer oder treuen Freund ungefährdet zu erlangen sucht, billigen wir. So anerkennt die Zürcher Kirche auch keine andere Absolution als entweder die ordentliche, in welcher der Pfarrer entweder öffentlich allen oder privat Einzelnen, wieder zu Einsicht und Glauben Gekommenen, Vergebung aufgrund von Gottes Wort verkündet, oder die außerordentliche, in welcher von den Kirchenleitern Gemeindeglieder, die in einem öffentlichen Ärgernis gesündigt haben, jetzt aber darüber von Herzen Schmerz empfinden, nach einer geeigneten Wiedergutmachung des von ihnen verursachten Aergernisses losgesprochen werden.*

XV
Ausschluß vom Abendmahl

Wie unsere Kirche niemanden vom Hören des Gotteswortes abhält, so weist sie auch niemanden vom Empfang des Sakraments der Eucharistie zurück. Doch bevor das Abendmahl gefeiert wird, reden die Pfarrer mit der Gemeinde darüber mit aller möglichen Treue und Sorgfalt, damit jeder genau erwäge, was er tue, nicht ohne Glauben zum Tisch des Herrn trete und nichts aus Heuchelei tue, damit er nicht schuldig werde am Leib und Blut des Herrn, sondern sich und seine Sünden erkenne. Jeder soll seinem Nächsten eine ihm gegenüber begangene Verfehlung verzeihen. Doch gibt es in unserer Kirche die Warnung, wie wir unten hören werden, mit der die Pfarrer nach vorn gerufene Gemeindeglieder ermahnen, und den Tadel jener Gemeindeglieder, die sich offensichtlich schamlos betragen.

*

Wir verwerfen die Anwendung der Kirchenzucht nicht, aber wir lehren, daß die Vollmacht der Kirche, unliebsame Gemeindeglieder von ihrer Herde zu trennen, ausreiche. Doch weil unsere Regierung, nicht nur über das zeitliche, sondern auch über das ewige Heil ihrer Untertanen beunruhigt, alle, die Aergernis erregen, eigene Untertanen wie Bundesgenossen gemäß der Richtschnur der Heiligen Schrift in die Schranken weist, völlig Unverbesserliche oder

Unversöhnliche während der Festtage einsperren läßt und so die Aufgabe der Kirche erfüllt, machen wir von der Exkommunikation, besonders einer größeren, gefahrlos keinen Gebrauch.

XVI
Einsegnung der Ehe

Bei Verlobungen[81] wird in der Regel folgender Brauch eingehalten: Es kommen die Eltern des Bräutigams und der Braut, die Verwandten und Verschwägerten zusammen und besprechen den Ehevertrag. Ist dieser schriftlich niedergelegt, legt, wenn ein Pfarrer anwesend ist, dieser die Hände der inmitten der Ihrigen knieenden Verlobten ineinander und verbindet das Paar mit feierlichen Worten. Ist aber kein Pfarrer anwesend, tut dies jeweils der angesehenste Mann der Hochzeitsgesellschaft.[82] Alsbald am folgenden Tage oder auch, wenn einige Tage vergangen sind – wie es jeweils paßt – werden die Neuvermählten in festlichem Zuge in die Kirche geführt.

Nach beendigter Predigt treten sie zum Pfarrer, der im vorderen Teil der Kirche steht, an eine dazu bezeichnete Stelle und lassen sich da auf die Knie nieder. Der Pfarrer spricht, zur Gemeinde gewendet, folgendermaßen: «Geliebte im Herrn, euch ist bekannt, daß die beiden N. und N. miteinander die Ehe geschlossen haben und sie nun vor euch als christlichen Zeugen bestätigen lassen wollen. Wenn deshalb jemand anwesend ist, der gerechtfertigte Hinderungsgründe dieser Ehe kennt, soll er diese anzeigen.»

Darauf fügt er bei: «Hört nun das Evangelium nach Matthäus, Kap. 19 (Verse 3–6): ‹Da traten Pharisäer zum Herrn, um ihn zu versuchen, und fragten: Ist es einem Mann erlaubt, seine Frau aus beliebiger Ursache zu entlassen?›... bis zu folgenden Worten: ‹Was nun Gott zusammengefügt hat, soll der Mensch nicht scheiden.›

Vertraut» – fügt er bei – «auf dieses Wort Gottes,
66 bedenkt, daß Gott euch im heiligen Stand der Ehe verbunden hat, liebt und achtet euch gegenseitig gemäß dem Gebot des Herrn.»

Darauf fragt der Diener des Worts Bräutigam und Braut, ob sie wünschen, um des Herrn willen durch die heilige Ehe verbunden zu werden. Wenn sie das bejaht haben, legt er die rechten Hände der Gatten ineinander und fügt folgende feierliche Worte bei:

«Du, Gatte, sollst deine Gattin beschützen und lieben, wie Christus seine Kirche geliebt hat und sich für sie in jede Gefahr, ja in die des Todes begeben hat. – Du, Gattin, sollst deinen Gatten, dein Oberhaupt, lieben, ihm gehorchen und ihn als deinen Beschützer anerkennen. – Ihr Gatten sollt euch gegenseitig solche Treue und Liebe erweisen, wie sie Christus seiner Kirche und die Kirche ihrerseits Christus erwiesen hat. Und wie zwischen Christus und seiner Braut, der christlichen Kirche, ein unauflösliches Band der Liebe besteht, so soll es auch zwischen euch bestehen, im Namen Gottes des Vaters, des Sohnes und des Heiligen Geistes, Amen.» Darauf wendet er sich an die ganze Gemeinde und spricht: «Ich ermahne euch alle bei der christlichen Liebe,
67 Gott um glückliches Geleit dieser Ehe zu bitten, auf daß diese Neuvermählten gemäß Gottes Willen in wahrer Liebe leben und nicht nur Kinder des Fleisches, sondern auch

Kinder des Geistes zeugen, damit sie nach diesem kummervollen Leben das ewige erlangen. Und sprecht:[83]
Allmächtiger Gott, der du am Anfang deiner Werke den Mann aus Erde geschaffen hast und aus einer Rippe seiner Seite die Frau gebildet hast, die du ihm als Gefährtin zugesellt hast, damit die beiden *ein* Fleisch seien und sich gegenseitig brennend lieben und aneinander hängen sollten: Dadurch hast du unzweifelhaft andeuten wollen, daß der Mann nicht allein, sondern mit einer Gattin zusammen, die ihm Hilfe und Trost sein soll, leben solle, damit er alle Trübsale und Mühen dieser Welt leichter ertragen könne und ein Heilmittel für seine Schwachheit und die Glut seines Fleisches finde.

O Gott, der du durch dein ewiges Wort zu ihnen gesagt hast: Seid fruchtbar und mehret euch und erfüllt die Erde. Damit hast du dem Menschengeschlecht die Gestalt und das ausdrückliche Vorbild ehelichen Lebens gegeben, das von Anfang an Adam, Noah, Abraham, Isaak, Jakob, alle heiligen Erzväter, deine geliebten Freunde, hochgehalten und so im unauflöslichen Band der Ehe gelebt haben.

O Gott, der du durch deinen heiligen Geist in beiden Testamenten die heilige und unbefleckte Ehe mit soviel Lob erhebst, aber im Gegensatz dazu die unreinen Begierden so sehr verurteilst, daß es für uns nicht zweifelhaft sein kann, daß die Ordnung und Einrichtung deines Wortes dir gefällt und von dir gebilligt wird: O Gott, der du durch dieses Band der Ehe das erhabene und geheimnisvolle Band deiner unaussprechlichen väterlichen Liebe andeuten wolltest, da es Dir gefallen hat, in ehelichem Pflichtgefühl, in Wahrhaftigkeit und Treue unsere Seele mit dir, dem wahren Bräutigam, zu verbinden: Wir bitten dich von ganzem Herzen, daß du auf diese zwei Menschen, die in Gottesfurcht und im Glauben an dein ewiges Wort die Ehe geschlossen haben, gnädig blicken wollest. Denn du sollst in allen Dingen Anfang, Mitte und Ende sein. Erweise ihnen deine Gnade, damit aus dem Samen, den du in ihre Herzen gesät hast, eine unsträfliche, dir wohlgefällige Frucht entstehe. Verbinde sie in Eintracht und mit dem Band unauflöslicher Liebe, damit dein Band, das du verbunden hast, niemand löse oder zerbreche. Gib ihnen deinen Segen, den du deinen geliebten Freunden Abraham, Isaak und Jakob gegeben hast. Verwandle ihnen das fade Wasser aller Sorgen in den süßen Wein deines heilbringenden Trostes, damit sie in wahrer Freude und im unauflöslichen Bund der Liebe alle Schmerzen und Sorgen der Ehe geduldig ertragen und dir von nun an in Frömmigkeit leben bis zu diesem Tag, an welchem du sie in die ewige Glückseligkeit versetzen wirst. Amen.

Die Gnade Gottes sei mit euch. Geht hin in Frieden!»

Die Namen der Eheleute werden aus vielen Gründen im Kirchenbuch eingetragen.

In den Pfarreien des Zürcher Herrschaftsgebietes wird derselbe Brauch der Ehesegnung eingehalten, und damit alles in gutem Glauben vorgenommen werden kann und kein Betrug sich einschleiche, verkünden die Pfarrer der Gemeinden die Namen der Neuvermählten an zwei oder drei Sonntagen, bevor ihre Ehe öffentlich eingesegnet wird, von der Kanzel herab.

*

Dieselbe vorausgehende Verkündung und nachträgliche Einsegnung der Ehe, wie sie Lavater beschreibt, wird beobachtet. Was aber die Verlobung vor der Hochzeit angeht, muss man eingestehen, dass der Brauch, nach dem der Pfarrer oder der angesehenste Mann der Hochzeitsgesellschaft zu Hause die Hände des Bräutigams und der Braut mit feierlichen Worten ineinander legt, jetzt völlig unbekannt ist. Doch bei der Einsegnung der Ehe, die stets in der Kirche gefeiert wird, wird dieser Brauch geübt.

Hochzeiten sind in der Stadt seltener, weil die Bürger aufs Land gehen und ihre Ehe in einer Dorfkirche einsegnen lassen, was aber niemand tun darf ohne Erlaubnis des Ehegerichts.[84] *Daher ist in einem sehr guten Brauch festgesetzt worden, dass kein Pfarrer außer den eigenen Gemeindegliedern irgend jemanden trauen darf, außer wenn er ein mit dem Siegel des Ehegerichts versehenes Schreiben als Zeugnis besitzt; so wird vielen Betrügereien vorgebeugt.*

Die Einsegnung der Ehe wird meistens auf den Dienstag festgesetzt, die Ansprache an die Neuvermählten, wer sie auch immer seien, wird in der zweiten Person Singular gehalten, da ja der einsegnende Kirchendiener Christi Person vertritt.

XVII
Die Schulen

In der Stadt gibt es einige Schulen, in denen die Knaben und Mädchen nicht nur deutsch lesen und schreiben lernen, sondern auch auf Anordnung des Rates hin in der Frömmigkeit geschult werden. Weiter gibt es zwei Schulen, in denen sie in der lateinischen und griechischen Sprache unterrichtet werden.[85] Sie sind in fünf Abteilungen oder Klassen eingeteilt. In den beiden höchsten werden die besten Autoren beider Sprachen behandelt, Caesar, Cicero, Terenz, Vergil, Horaz, Ovid, Hesiod, Homer, Xenophon, Herodian usw.[86] Zu einer bestimmten Zeit des Jahres werden, um Sorgfalt und Eifer der Lehrer und Schüler zu steigern, zweimal Prüfungen abgehalten. Ebenso wird in diesen Schulen der Katechismus auf lateinisch und deutsch unterrichtet.

Im Zürcher Herrschaftsgebiet werden auch hie und da in den Dörfern zur Winterszeit, vor allem wegen des Katechismus-Unterrichts, Schulen eingerichtet, welchen Diakone oder andere geeignete Männer vorstehen.

*

Die Zürcher Schulen sind Land- oder Stadtschulen, wobei diese städtischer bzw. gepflegter sind; ob gewöhnliche[87] oder höhere Schulen, alle sind mit guten Gesetzen versehen. Landschulen sind in fast allen Dörfern eingerichtet, und zwar nicht nach freiem Ermessen eines Beliebigen, der sich den Beruf eines Lehrers wählt, sondern sie hängen vom Willen der Herren Examinatoren in der Stadt ab, die die geeigneten Lehrer aus den einzelnen Gemeinden nach vorausgegangener Prüfung mit der Leitung der Jugend betrauen; andern als den vom Schulrat bezeichneten Personen ist es nicht gestattet, sich dem Unterricht zu widmen, damit keine Unordnung entsteht. An den meisten Orten werden sie im Sommer und im Winter, an einigen wegen der Sommerarbeiten nur im Winter besucht. Bestimmte Tage der Woche werden dem Gebet gewidmet. Die Schüler werden im Lesen, Schreiben und Rechnen unterrichtet, wobei keine andern Bücher als die gesetzlich vorgeschriebenen erlaubt sind. Den Pfarrern obliegt es, die Schulen jede Woche zu besuchen. Für die Aermeren wird das Schulgeld entweder von der Behörde oder aus der Kasse der betreffenden Kirchgemeinde bezahlt. Für die älteren Schüler[88], die tagsüber Feldarbeit leisten müssen, stehen Nachtschulen[89] zur Verfügung, aber unter bestimmten Vorsichtsmaßnahmen.

In der Stadt gibt es verschiedene Schulen: Die untersten, wohin die Fünf- und Sechsjährigen, manchmal schon die Vierjährigen geschickt werden, haben gewöhnlich weibliche Lehrkräfte. Sie werden von Knaben und Mädchen gemeinsam besucht. Die Lehrerinnen werden von den Schulherren beider Stände[90] geprüft und gewählt. Es gibt jedoch auch einige Männer, die solche Schulen leiten. In den verschiedenen Stadtteilen zählt man acht oder zehn derartige Schulen. Sie sind gehalten, ihre Zöglinge für die Unterweisung in die Kirche zu führen.

Darauf folgt die sogenannte «deutsche Schule», mit drei aufeinander folgenden Klassen, wo neben den Anfangsgründen des Wissens den Knaben (die Mädchen besuchen diese Schule nämlich nicht) der Katechismus eingeprägt wird, die Psalmen auswendig gelernt, eine geschmackvolle Schrift und die Rechenkunst geübt werden.[90a]

Von da tritt man in die Lateinschule ein, die einst sechs Klassen aufwies, jetzt aber zweimal fünf sog. Parallelklassen, nämlich fünf für die «Großstadt» an der Schola Carolina und fünf für die «Kleinstadt» an der Schola Abbatissana[91], wobei in beiden Schulen dieselben Lehrprogramme und dieselben Verordnungen gelten: Die unterste Klasse, die bei uns die höchste heißt, behandelt die Grundlagen der lateinischen Sprache, die höchste, die wir die fünfte nennen, deren Lehrer den Titel Ludi moderator (Leiter des Unterrichts) trägt und in der Karlsschule Chorherr ist, die guten Autoren und die Dichtung[92]. Für das Pensum des Griechischunterrichts dieser Klasse sind die vier Evangelien vorgeschrieben.

Nachdem die Schüler diese fünf Klassen durchlaufen haben, werden sie in das Collegium humanitatis befördert und werden Studenten. Wir nennen diesen Ort «die siebend Lezgen oder das Mittel-Studium».[93] Darin hat man zwei Jahre lang zu verharren, es sei denn, hervorragende Begabung verkürze die Zeit oder Faulheit verlängere sie. Es werden die Humaniora unter vier Professoren behandelt.

Der Professor der klassischen Sprachen behandelt im Lateinischen die Briefe Ciceros, Sulpicius Severus[94], Sallust, dazu poetische Stücke, im Griechischen das ganze Neue Testament, eine Auswahl aus Chrysostomus und das Buch Plutarchs über die Kindererziehung. Zur Zeit ist es Joh. Heinrich Fries.[95]

Der Professor der Logik lehrt die Logik Wendelins, erklärt die Rhetorik Beumlers und legt die Methoden der Redekunst dar.[96] Er hört sich die Redeübungen der Jünglinge an und beurteilt sie. Derzeit ist es Joh. Jakob Lavater.[97]

Der Professor der katechetischen Theologie trägt Wyssens Analyse des Zürcher Katechismus[67] so vor, daß er damit die jungen Leute in die Anfänge des theologischen Studiums einweiht. Zur Zeit ist es Joh.Rudolf Lavater.[98]

Der Professor für Hebräisch behandelt mit seinen Studenten die Grammatik Hottingers und die ganze Genesis[99]*; derzeit ist es Joh. Rudolf Kramer.*[100] *In diesem Kollegium sind Bußen gegen Fehlbare festgesetzt. Es hat einen eigenen Pedell und eine Bibliothek, die vornehmlich aus philosophischen Werken besteht.*

XVIII
Öffentliche Vorlesungen

Am Zürcher Gymnasium[101] werden anstelle der sog. Stundengebete [102] öffentliche Vorlesungen in Theologie, klassischen Sprachen und geeigneten Wissenschaften gehalten. In den Morgenstunden hören die älteren Studenten die Predigten und nehmen an den öffentlichen Gottesdiensten teil. Dann finden theologische Vorlesungen statt, die bis heute folgendermaßen gehalten wurden:

Alle heiligen Bücher des Alten Testaments, angefangen bei der Genesis, wurden der Reihe nach ausgelegt. Nach einem Gebet las zuerst ein Student aus der Vulgata, der Bibelübersetzung des Hieronymus[103], den zu behandelnden Text vor. Darauf legte der Professor des Hebräischen nach den Quellen der Heiligen Sprache dar, was vorgelesen worden war (dieses Amt hatte in der Zürcher Schule als erster Jakob Ceporin, dem später Konrad Pellikan[104] nachfolgte). Darauf verglich der zweite Professor der Theologie die Übersetzung der Septuaginta mit der hebräischen Wahrheit.[105] Darauf gliederte er den Text in seine Abschnitte und legte ihn der Reihe nach zur Unterweisung der Zuhörer aus. Diese Aufgabe hat an unserer Schule zuerst Huld-

⁷⁶ rych Zwingli erfüllt, dem später Theodor Bibliander[106] nachfolgte.

Endlich erklärten nach beendigter Vorlesung die Diener der Kirche dem Volk in der Landessprache, was in Fremdsprachen von den Gelehrten gesagt worden war. Unsere Kirche bedient sich nämlich in öffentlichen Versammlungen und Gottesdiensten nur der Volkssprache, die von allen verstanden werden kann.

Nachdem aber Peter Martyr Vermigli[107] nach Zürich gekommen war, begann er, abwechselnd mit Th. Bibliander die Heilige Schrift zu interpretieren und mit den hebräischen Quellen die griechische Uebersetzung zu vergleichen.

Um zwölf Uhr mittags liest Joh. Jakob Amian[108], der Leiter des Gymnasiums, abwechselnd über Dialektik und Rhetorik. Er fügt zuweilen eine Rede oder ein Buch Ciceros bei, worin er seinen Hörern die dialektischen und rhetorischen Feinheiten aufzeigt und diese Regeln auf den praktischen Gebrauch beim Lateinschreiben und -sprechen überträgt.

Um zwei Uhr erklärt der Arzt Konrad Gessner[109] verschiedene naturwissenschaftliche Werke des Aristoteles oder andere auf Griechisch oder Lateinisch.

Um drei Uhr interpretiert Josias Simmler[110] das Neue Testament theologisch.

Um vier Uhr nachmittags erklärt Rudolf Collin[111] ver-
⁷⁷ schiedene griechische Autoren, die in Prosa und Dichtung geschrieben haben, seinen Zuhörern. Er hat bis heute nur die besten, die vorhanden sind, öffentlich interpretiert.

Es ist die Aufgabe des Professors der lateinischen Sprache, mit Redeübungen in deutscher und lateinischer Sprache seine Hörer auszubilden, wie es Aufgabe des Professors der griechischen Sprache ist, von seinen Hörern griechische Übungen zu verlangen.

Die älteren Studenten oder jene, die vor anderen wegen ihres Fleißes in ihren Lehrern Hoffnungen erwecken, werden in andere Schulen geschickt, um nicht nur geeignete Wissenschaften und Künste gründlich zu erlernen, sondern auch die Riten und Bräuche anderer Kirchen und Schulen kennen zu lernen und sich auf verschiedenen Gebieten Kenntnisse anzueignen.

Es sind auch Examina eingerichtet, in denen nicht nur bei den studentischen[112] Hörern, sondern auch bei den Professoren Sorgfalt und Art des Unterrichts geprüft werden. Nach dem Examen werden die Gelehrten über ihre Beurteilung der einzelnen Professoren befragt, damit diese, falls sie bei der Vorlesung bei Fehlern ertappt werden, ermahnt werden können und in Zukunft vorsichtiger sind.

Auch über den Fleiß und das Betragen der einzelnen Studenten, die auf Kosten der Kirche unterhalten werden, wird einige Tage nach dem öffentlichen Examen unter den Schulvorstehern das Urteil abgegeben. Die Faulen werden angespornt, die Fleißigen gelobt und dazu aufgefordert, weiterhin gewissermaßen sich selbst zu übertreffen.

Endlich werden die Schulverordnungen über Lebensführung, Betragen und Studien, wie sie von einem löblichen Rat vorgeschrieben sind, verlesen.

Pflicht des Schulherrn oder Leiter des Gymnasiums[113] aber ist es, die Prediger und Professoren zusammenzurufen, falls etwas, was die Schule betrifft, beraten werden muß, z.B. die Lehrer und Studenten in ihrer Pflicht zu erhalten usw.

*

Aus dem Collegium humanitatis wird man ins Öffentliche Kollegium befördert. Dies ist jenes «Gymnasium» bzw. jenes Carolinum (Karlsschule), in dem sich so viele berühmte Männer ausgezeichnet haben. Ehe dort aber jemand unter die Diener am Göttlichen Wort aufgenommen wird, über deren Examen wir oben gesprochen haben, muß er in ungefähr fünf Jahren drei Klassen durchlaufen, die philologische, die philosophische und die theologische. Die Zahl der Professoren beträgt bald acht, bald neun. Der Plan der Vorlesungen sieht derzeit folgendermaßen aus: Am Montag legt morgens von sieben bis acht Uhr ein Theologieprofessor (es gibt zwei, die in wöchentlichem Wechsel lesen) die wesentlichen Grundzüge der Theologie Heideggers[114] dar. Von acht bis neun Uhr behandelt ein Philosoph die Metaphysik oder Ontologie Lavaters[115]. Nachmittags ist die erste Stunde der Philosophie, die zweite der griechischen Sprache und die dritte den Naturwissenschaften gewidmet. Diese Vorlesungen besuchen nicht mehr alle Studenten der theologischen Klasse.

Am Dienstag folgt von acht bis neun Uhr kursorische Bibellektüre, in der die einzelnen Bücher der Heiligen Schrift der Reihe nach so aufgerollt werden, daß, soweit es die engen Schranken einer kurzen Stunde erlauben, der Inhalt mehrerer Kapitel und deren Deutung aus dem inneren Zusammenhang des Textes selbst den Hörern dargelegt, die unverständlichen Stellen erklärt und gegen die gelehrten Mißdeuter in Schutz genommen werden, dazu noch unseren Studenten[116] bald Ansporn, bald der Schlüssel zur emsigen und leichteren Lektüre der Bibel geliefert wird.

Nachmittags ist die erste Stunde eine naturwissenschaftliche Vorlesung, die zweite eine in Griechisch, und die dritte eine in Logik und Rhetorik, oder es wird eine Redeübung veranstaltet, an der die philologische und philosophische Klasse teilnehmen.

Am Mittwoch finden morgens von sieben bis acht eine theologische Vorlesung statt, von acht bis neun eine in kirchlicher Rhetorik[117]; alle Klassen sind anwesend. Nachmittags in der ersten Stunde eine naturwissenschaftliche Vorlesung, in der zweiten Griechisch und in der dritten Logik. Es nehmen die philologischen und die philosophischen Klassen teil.

Am Donnerstag vormittag von sieben bis acht eine Vorlesung zur Heiligen Schrift von einem Theologen, von acht bis neun Hebräisch. Alle Klassen sind anwesend. – Nachmittags wird in der ersten Stunde eine philosophische Diskussion abgehalten, die zweite Stunde ist dem Hebräischen, die dritte Sulpicius Severus[94] gewidmet.

Am Freitag wird vormittags von sieben bis acht eine Predigt gehört, worüber dann die übrigen Studenten ihr Urteil abgeben.[118] Von acht bis neun Kirchengeschichte. – Nachmittags von der ersten bis zur dritten Stunde Lateinisch, wobei ein bewährter Autor erklärt und der Stil geübt wird.

Am Samstag ist von acht bis zehn (oder von sieben bis neun) der andere Theologe anwesend, und man setzt sich mit dem in dieser Woche erklärten Pensum auseinander.

Es gibt zwei Theologie-Professoren, die sich wöchentlich ablösen:
Johann Caspar Wolf, Professor des Neuen Testaments, und
Johann Jakob Hottinger, Professor des Alten Testaments.

Professor der griechischen Sprache und der Heiligen Philologie ist Johann Heinrich Schwyzer, der Naturwissenschaften Dr. med. Johann Muralt und Dr. med. Salomon Hottinger, der Philosophie bzw. Rhetorik und Logik ist Johann Rudolf Ott, der Beredsamkeit und Geschichte Johann Caspar Hofmeister, der Ethik Johann Rudolf Lavater, der hebräischen Sprache Johann Baptist Ott, der Bibellektüre David Holzhalb[119]

Neben diesen öffentlichen Vorlesungen fehlt es nicht an geeigneter Gelegenheit, sich auch in den übrigen Sprachen, Wissenschaften, Fähigkeiten, in Mathematik und Altertumswissenschaft [120], im Recht und in andern Fächern privat bei Gelehrten zu üben.

In diesen Kollegien finden zweimal jährlich öffentliche Examina statt, an Ostern und im Herbst, an denen die aus dem Rat bezeichneten Examinatoren und Beisitzer teilnehmen. Auch jedem Liebhaber der Wissenschaften aus beiden Ständen[90] steht der Zugang dazu offen. Nach den Examina werden die Beurteilungen und Noten festgesetzt und die Rückversetzungen und Beförderungen vorgenommen. Es gibt einen Scholarchen (Schulherrn)[113] oder Rektor, der zwei oder drei Jahre dieses Amt bekleidet, und zwei Intendenten oder Vize-Scholarchen, von denen der eine das Collegium Carolinum (am Großmünster), der andere das Abbatissanum (am Fraumünster) leitet.

Obendrein werden jährlich sieben feierliche Reden gehalten:

1. Am Fest Karls des Großen
2. Am Fest der Märtyrer Felix und Regula, dem Tag der Zürcher Kirchweih (Chilbi);[121] diese Festreden sind den ältern Pfarrern und Professoren vorbehalten.
3. Am Tag vor Weihnachten (Christnacht)
4. Am Tag vor Ostern (Osternacht)
5. Am Tag vor Pfingsten (Pfingstnacht)[122]; diese Reden sind den Diakonen, Professoren und Lehrern vorbehalten, wie es jeden einzelnen der Reihe nach trifft.
6. Bei Ankündigung der Hundstageferien und
7. bei deren Abschluß; diese Reden werden jeweils von einem Studenten, den der Schulherr bestimmt hat, gehalten.

XIX
Die Bibliothek

Die Zürcher Bibliothek besaß früher viele alte Bücher, die aber teilweise durch eine in der Stadt wütende Feuersbrunst zugrunde gingen, teilweise von den Vätern des Konstanzer Konzils fortgetragen wurden. Noch heute werden auf Pergament geschriebene Bücher aufbewahrt, die nach alter Überlieferung unserer Kirche von Karl dem Großen geschenkt worden sind. Heute wird die Bibliothek auf Kosten der Kirchenrechnung des Staates mit den notwendigen Büchern ausgestattet.

*

Zusätzlich zu dem, was der Autor über die Bibliothek, die wir Bibliotheca Carolina [123] nennen, berichtet, sind im ganzen zwei Punkte anzumerken: Der eine Punkt ist, daß im Jahre 1629 mit der Einrichtung einer neuen Zürcher Bürgerbibliothek[124] begonnen worden ist, die anfänglich als gleichsam privat-öffentliche Bibliothek durch die Freigebigkeit einiger, bald aber auch der hochlöblichen Regierung und begüterter Bürger, ebenso durch die Schenkungen Fremder so vermehrt wurde, daß sie bereits 8000 Bände umfaßt, worunter etwa 100 Handschriften von hohem Alter. Beigefügt sind verschiedene Kuriositäten aus Natur und Kunst, sowie eine Sammlung von einigen tausend Münzen. All das wird von Tag zu Tag entsprechend den Einkünften ausgebaut und vermehrt. Nur schon der Standort der Bibliothek verspricht dem Besucher etwas Heiliges und Verehrungswürdiges; es ist nämlich die auf einer Insel in der Stadt gelegene und deshalb allgemein «Wasserkirche» genannte Kirche.

84 Der andere Punkt ist, daß aufgrund einer edlen Stiftung, die wir nach ihrem Urheber die Thommanische Stiftung [125] nennen, alljährlich zur Sommerszeit eine großzügige Bücherverteilung, die sog. Bücher-Censur, für jene Studenten und Schüler durchgeführt wird, die von Haus aus weniger bemittelt sind. Wer das Collegium publicum[101] besucht, erhält Bücher für acht Gulden, die übrigen jeder nach seiner Stufe, solche für einen etwas niedrigeren Betrag, aber natürlich nur solche Bücher, die den Beifall hervorragender Geister gefunden haben. Dieser festliche Anlaß wird im Großmünster gefeiert, wobei eine große Menge von Bürgern beiderlei Geschlechts und von Freunden zusammenströmt. Die Schulgesetze werden verlesen und die Namen

der Stifter in Erinnerung gerufen; vom Antistes und vom
Schulherrn werden den Studenten mahnende Worte mitgegeben,
ein Gesangsstück bildet den Anfang und Beschluß
der feierlichen Handlung.

XX
Die Kollegien und die Stipendiaten der Kirche

Viele junge Männer werden dank der Freigebigkeit des
hochlöblichen Zürcher Rates durch fortwährende Stipendien
unterhalten, so daß sie später an Zahl nicht nur im
eigenen Gebiet ausreichen, sondern, wenn es die Notwendigkeit erheischt, auch auswärtige Gemeinden versehen
können.

Das berühmte Kloster adeliger Jungfrauen[126] ist in ein
Kollegium umgewandelt worden, in dem fünfzehn einheimische
junge Männer unterhalten und erzogen werden.
Ihnen steht ein Erzieher vor, der nicht nur für ihren Lebensunterhalt
sorgen, sondern von ihnen auch den Besuch des
Unterrichts und der Predigten verlangen und ihren Charakter
bilden soll.

Ferner gibt es recht viele, die täglich vom Almosenamt
unterstützt werden.[127]

*

Fünfzehn, einst noch mehr Zöglinge werden an der Stätte, wo einstmals das Kloster der heiligen Jungfrauen von Ludwig dem Deutschen gegründet worden war, auf Kosten und dank der Großzügigkeit der Behörden durch dauernde Stipendien unterstützt, zum Nutzen nicht nur unserer, sondern im Bedarfsfall auch auswärtiger Kirchen. Unter diesen fünfzehn besteht seit einiger Zeit ein Freiplatz für einen Waldenser[128], woraus jenen Gemeinden auch in Fällen äußerster Bedrängnis ein gewisser Trost und gleichsam ein Same bei uns erhalten bleibt. Diese Zöglinge haben
86 ihren eigenen Inspektor[129] kirchlichen Standes, der den Unterhalt wie auch die Disziplin nach dem genauen Wortlaut der vorgeschriebenen Gesetze überwacht.

Ferner werden vierzig oder fünfzig Stipendiaten gezählt, die jährlich verschiedene Stipendien als Unterstützung ihres Studiums erhalten, und zwar die einen zwanzig, die andern aber dreißig, vierzig, fünfzig oder sogar achtzig Gulden; den einen fließt durch die Güte der Behörden und aus der gesamten Geldmenge privater Stifter das sog. Brüggerische Stipendium [130] zu, die andern erhalten durch die gewissenhafte Besorgnis der Wohlhabenderen ihrer eigenen Familien ein sog. Geschlechterstipendium. Wenn Studenten sich durch ihre geistigen Fähigkeiten und ihren Fleiß vor andern auszeichnen, schickt man sie auf Staatskosten ins Ausland.

Es gibt auch unter den Ärmeren nicht wenige, an die jede Woche die sog. Unterstützung durch vier Brote[131] ausgegeben wird.

Endlich wurde vor ungefähr dreißig Jahren der Grund zu dem überaus lobenswerten sog. «Neuen Fonds» gelegt, aus dessen Einkünften nach dem Brauch der Urkirche sowohl *die Diener der Kirche, die weniger bemittelt sind, als auch die Witwen der ärmeren Pfarrer unterstützt werden.*

XXI
Die Kirchengüter

Die Vermögen der Klöster sind nicht in die Staatskasse eingebracht oder in Benutzung und Gebrauch durch wenige Private übergeführt worden, sondern für die einzelnen Klöster sind Verwalter (Ökonomen) oder Helfer (Diakone) eingesetzt worden, die jene Gelder für die von der Behörde vorgeschriebenen Zwecke ausgeben; sie liefern eine Abrechnung über Einnahmen und Ausgaben ab.

Priester, Kapläne und Mönche, die wegen Altersschwäche oder Langsamkeit des Geistes sich nicht mehr im Kirchendienst betätigen oder ein Handwerk ausüben konnten, wurden aus jenen Gütern und Einkünften unterstützt! Auch die Nonnen, die heirateten, bekamen eine jährliche Rente zugesprochen.

Die Einkünfte, die das sehr alte Kollegium der Chorherren der Propstei Felix und Regula[132] besaß, werden zum Teil den Pfarrern und Professoren der Wissenschaften und Sprachen, zum Teil aber auch den Studenten gegeben und für nötige Kirchenbauten verwendet.

Außerdem sind vielen Dienern der Kirche in Stadt und Landschaft (wo allein über hundert Pfarreien bestehen) die Zuschüsse erhöht worden. Ebenso wird bei einer Verteuerung des Getreidepreises Korn aus den staatlichen Kornspeichern zu einem geringeren Preis verkauft.

Die Einkünfte gewisser Klöster sind dem Spital, den

Leprakrankenhäusern und dem öffentlichen Almosen, das täglich in der Stadt verteilt wird, zugefallen. Zudem müssen die Behörden für die Erhaltung und Ausbreitung des Evangeliums viele Geldmittel aufwenden.

Auf dem Lande sind die Güter nicht nur den Pfarreien überlassen worden, damit sie daraus die allgemeinen Bedürfnisse der Kirche fördern können, sondern die Landvögte und Pfarrer nehmen alljährlich im Namen des Rates von den Verwaltern die Abrechnungen entgegen, damit jene Güter nicht zu privaten oder unnötigen Zwekken verwendet werden.

*

Nach allem, was wir in den vorhergehenden Kapiteln berichtet haben, ist es kaum mehr notwendig, etwas über die Kirchengüter zu sagen. Damit aber doch klar wird, daß sie, obwohl sie größtenteils von der politischen Behörde verwaltet werden, ihrem Zweck nicht entfremdet werden, sondern der Kirche bleiben, will ich der Reihe nach darlegen, wo sie sich befinden:

Vom Eigentum der Chorherren ist also der überflüssige 89 *Teil dem Almosengut einverleibt worden; was aber zur nötigen Ausstattung dienen kann, befindet sich auch jetzt noch in ihren Händen zu ihrer Verfügung, wobei ein Obmann[133] aus ihren eigenen Reihen dafür eingesetzt ist.*

Die Güter, die die königliche Schenkung des Fraumünsterstifts ausmachten, werden teils zum Nutzen der Fraumünsterschule und des Kollegiums der Stipendiaten (Alum-

nen) verwendet, teils sind sie einem zuverlässigen Verwalter anvertraut.

Wo der Orden der Prediger seinen Sitz hatte, ist jetzt Raum für das Spital (Herberge und Siechenhaus), und anstelle von dreißig Mönchen werden sechshundert Arme, Kranke, Stumme, Taube und Lahme ernährt.

Wo die Franziskaner ihren Lebensunterhalt erbettelten, befindet sich jetzt gleichsam der Ozean des gesamten zürcherischen Kirchengutes (im Barfüßerkloster oder Obmannamt[134]), aus dem sich Meere, Flüsse und Bäche der christlichen Freigebigkeit in fast alle Gemeinden der Stadt und der Landschaft, zu den Pfarrern, Kirchen und Schulen ergießen. Von dort ist auch in den letzten Jahren bei der ungeheuren Hungersnot dem Volk durch Linderung der Brotpreisteuerung unglaublicher Trost zuteilgeworden.

Wo sich die Augustinermönche niedergelassen hatten[135], erfolgt jetzt die Almosenverteilung, und zwar nicht nur wöchentlich, sondern auch täglich. Dort amtet ein Verwalter[136], dem die Herren Almosenpfleger aus beiden Ständen[90] beigegeben werden. Dort wird nicht nur den Armen der Stadt, sondern des ganzen Erdkreises Trost gespendet, sogar ohne Unterschied ihrer Religion. Dort amtet auch ein zweiter Verwalter «im hinderen Amt»[137], der die übrigen Angelegenheiten besorgt.

Im ehemaligen Nonnenkloster Oetenbach[138] befinden sich außer zwei Verwaltern (Kornamt und Amtmann am Oetenbach) ein Waisenhaus und ein Zuchthaus. Dort werden mehr als hundert Waisenkinder, die ohne Unterstützung und Hilfe sind, unter einem Inspektor, der den Titel Waisenvater trägt, erzogen und im Beten, Lesen und Schreiben unterwiesen, erlernen ein Handwerk usw.

Wo sich Klöster auf dem Land befanden, sind jetzt Verwalter eingesetzt, die den Behörden alljährlich Rechenschaft über ihre Einnahmen und Ausgaben ablegen. Es sind dies die Ämter von Winterthur, Stein a.Rh., Kappel, Küsnacht, Rüti, Töss und Embrach. Ein Teil der Einnahmen verbleibt den Klöstern, ein Teil wird zu ehrbarer Unterstützung der Pfarrer, ein Teil zur Ernährung der Armen und ein Teil zur Wiederherstellung der Gebäude verwendet. Sollte nach diesem notwendigen und geheiligten Verwendungszweck noch etwas von den kirchlichen Geldern übrigbleiben, wird es zur Behebung allgemeinen Unglücks aufbewahrt (nach den Worten Bullingers gegen Cochleus S. 69[139]).

XXII
Das Almosenwesen

Während einiger Jahre gestattete der Rat, daß die Bettler allenthalben in den Straßen umherwanderten und die Plätze vor den Kirchen belagerten, um von den Vorübergehenden ihren Lebensunterhalt zu erbetteln, weil es sicher sei, daß viele durch das Wehklagen der Bettler und die Widerlichkeit ihrer Geschwüre und Krankheiten zu Barmherzigkeit und Wohltätigkeit veranlaßt würden. Weil aber die Anzahl der Bettler täglich wuchs, die sich an keine Kirchgemeinde binden und keine ehrenhafte Gesetze befolgen, ist durch Verordnung des Rates[140] bestimmt worden, daß von nun an niemand mehr von Tür zu Tür ein Almosen erbitten solle, sondern daß an jedem Sonntag die Pfarrer der Kirchgemeinden an den Kirchentüren das Almosen einsammeln sollten. Diese Gaben werden jeden Monat von dazu erwählten Männern des Ratsherren- und des Pfarrerstandes unter die Armen verteilt. Sie erkundigen sich auch nach deren Lebensführung und Sitten. Den Fremden gibt man in der Herberge des öffentlichen Spitals[141] zu essen und Reisegeld.

Auf dem Lande ernähren die einzelnen Bezirke oder Kirchgemeinden, die beinahe alle jährliche Einkünfte besitzen, ihre Armen aus öffentlichen Mitteln und helfen ihnen durch ihre tägliche Wohltätigkeit. Die Bedürftigkeit jener Gemeinden aber, die wegen ihrer Armut die Ihrigen nicht unterstützen können, gleicht der Rat aus Mitteln des Kirchengutes aus.

Im Augustinerkloster, das in eine Armenküche umgewandelt worden ist, wird täglich zu festgesetzter Stunde an die Armen eine Mahlzeit und Brot ausgeteilt, und so werden viele arme Familien ernährt. Einigen werden nur Brote gegeben, manchen aber auch Geld, Kleider, Butter, Wein und andere notwendige Dinge. Zur jährlichen Rechnungsablage des Verwalters kommen nicht nur die Männer des Ratsherrenstandes, sondern auch drei Pfarrer[142], um ihn, sollte er sich gegen einige als allzu freigebig oder sparsam erweisen, an seine Pflicht zu mahnen und die Sache der Armen umsichtig zu vertreten.

Außerdem werden im öffentlichen Spital sehr viele ernährt, die wegen Krankheit oder Altersschwäche nicht mehr imstande sind, ihren Lebensunterhalt zu erwerben. Es gibt auch ein Haus, in welchem die gepflegt werden, die an der Franzosenkrankheit[143] leiden. Außerhalb der Stadt sind auch zwei Leprakrankenhäuser[143a] vorhanden, wo die Aussätzigen aufgenommen werden. Sie haben ihre eigenen Prediger, die sie unterweisen und trösten.

*

93 *Auch über das Almosenwesen ist schon gesprochen worden; da aber der Autor dafür einen eigenen Abschnitt reserviert hat, werden wir hier das berühren, was oben übergangen worden ist:*
Jeglicher Gassenbettel ist durch sehr strenge Gesetze verboten, zu welchem Zweck in Stadt und Landschaft Bettelaufseher (Profosse) eingesetzt sind, die Nichtsnutze verjagen, aber die wirklich Unglücklichen dem Verwalter des Almosenamtes zuführen, denen dann je nach den Umständen ihres Alters, Geschlechts, ihrer Lebenslage, Gesundheit und Religion Unterstützung gewährt wird. Das Verfahren gegenüber unsern eigenen Armen ist anders als das gegenüber fremden. Den Fremden ist es nicht erlaubt, von Tür zu Tür zu gehen, sondern sie erhalten in der Stadt vom Almosenamt und, wenn es sich um würdigere Personen handelt, vom Rat etwas, vor allem, wenn sie wegen ihres Glaubens vertrieben worden sind. Diesen wird je nach ihrer Notlage auf Zeit Gastfreundschaft gewährt. – Auf dem Land betreut einzig der Verwalter der betreffenden Gemeindekasse oder, wo ein Kloster bestanden hat, dessen Amtmann das Almosenwesen. Die übrigen Bürger, Einwohner der Stadt und Landschaft, werden ermahnt, die milden Gaben, die sie spenden wollen, lieber nach der Sitte der Apostel an den Sonntagen für die Kollekte an den Kirchentüren ins
94 *Säckli[137] zu legen, als sie bei sich zuhause an Vagabunden*

und Unbekannte auszugeben. – Für die Invaliden, die ihre Reise nicht zu Fuß fortsetzen können, sind in allen Bezirken Fuhren eingerichtet, die aus dem Kirchengut jedes Ortes unterhalten werden. Was die Unsrigen anbelangt, so werden sie auf folgende Art unterstützt: der Rat überbindet jeder Gemeinde die Pflicht, ihre Armen zu unterhalten. Die Obsorge dafür trägt sie zusammen mit dem Landvogt oder (Kloster)amtmann mit ihren Geschworenen oder Stillständen[144]. Dem Pfarrer allein ist es nämlich in jedem schwereren Fall keineswegs erlaubt, selbständig zu handeln. Sie werden geprüft, ob sie würdig seien oder nicht. Hilfe gewährt wird entweder aus dem Gemeindegut oder dem Kirchengut oder den Wochenkollekten (dem Steuergeld)[145]. Sollten alle diese Mittel nicht ausreichen – es gibt nämlich einige sehr arme Gemeinden – schreibt der Pfarrer an den (Kloster-) amtmann, dem er untersteht, meistens in die Stadt einen Empfehlungsbrief für diese oder jene Familie; darauf wird für diese Leute eine jährliche, monatliche oder wöchentliche Unterstützung angeordnet, je nach Notwendigkeit. Über all das hinaus werden um den Monat November alle Zürcher Landpfarrer in die Stadt gerufen; nachdem sie ein genaues Verzeichnis der Ärmsten ihrer Gemeinde vorgelegt haben, erhalten sie zur Verteilung Winterkleider, Schuhe, Tuch sowie auch Bücher, worüber oben berichtet wurde.

XXIII
Die Synode

Eine Synode wird alljährlich zweimal im Rathaus in Zürich abgehalten, einmal im Mai und einmal im September. Alle Pfarrer strömen in die Stadt; wenn sie aber aus wichtigen Gründen nicht teilnehmen können, so müssen sie den benachbarten Pfarrern oder den Dekanen die Gründe ihrer Abwesenheit bekanntgeben. An der Synode nehmen jeweils einer der Bürgermeister[146] und acht Ratsherren teil. Sie wird auf folgende Weise abgehalten: Der erste Prediger[8] fordert alle im Gebet auf zu bitten, es möchten Fragen behandelt werden zur Ehre Gottes, zur Unversehrtheit der Kirche und zum Heile jedes einzelnen. Darauf wird das Verzeichnis der Stadt- und Landpfarreien vorgelesen; diese sind in sieben Kapitel eingeteilt, deren Vorsteher nach alter Gewohnheit Dekane genannt werden. Nach Verlesung dieses Verzeichnisses werden die Diener am Göttlichen Wort, die ihren Amtseid noch nicht abgelegt haben, aufgerufen, öffentlich zu schwören. Die Eidesformel lautet:

«Das heilige Evangelium und das Wort Gottes werde ich gemäß meiner Berufung getreulich und in rechtgläubigem Sinn lehren und predigen. Ich werde keinen Glaubenssatz hinzufügen, der noch nicht behandelt, aufgenommen und bestätigt worden ist, wenn er nicht zuvor der Synode vorgelegt und durch die Heilige Schrift bekräftigt worden ist. Außerdem werde ich den Bürgermeistern und dem gesamten Rat treu sein und sie ehren. Ich werde das Wohl von Zürichs Stadt und Landschaft nach Kräften fördern, Gefahren anzeigen und beseitigen, auch werde ich den

Befehlen des Rats, der Landvögte und der vom Rat Abgesandten in gerechten und erlaubten Angelegenheiten gehorchen. Geheimnisse der Synode, aus denen Gefahren oder Streitigkeiten entstehen könnten, werde ich verschweigen und nicht bekanntmachen: So schwöre ich wahrhaftig und ohne Arglist.»

Darauf werden alle, die der Synode nicht angehören, sondern nur als Zuschauer und Zuhörer teilnehmen, aufgefordert hinauszugehen; die Synodalen werden angefragt, und wenn ihnen der Beschluß richtig erscheint, werden sie wieder zugelassen, jedoch unter der Bedingung, Geheimnisse nicht auszuplaudern.

Dann werden Bürgermeister und Räte angefragt, ob sie etwas im Namen und auf Geheiß des Rates der ganzen Versammlung vorzulegen hätten.

Hernach ermahnt der Obrist-Pfarrer alle, nichts aus Leidenschaft zu sagen oder zu tun, sondern nach der Wahrheit und Erbauung zu streben. Er legt dar, wie nützlich eine Zurechtweisung sei und worin die Aufgabe der Pfarrer bestehe.

Darauf werden Beschäftigung und Lebenswandel jedes Pfarrers einzeln geprüft, wobei beim Obrist-Pfarrer der Stadt Zürich der Anfang gemacht wird. Befragt aber werden jeweils die benachbarten Pfarrer, wie jeder sich benehme in bezug auf Lehre, Lebenswandel, Familie usw. Darauf werden sie einzeln zurückgerufen:[147] Wenn sie sich gut betragen haben, werden sie kurz ermahnt, so fortzufahren, wenn nicht, ihren Lebenswandel zu bessern. Hat einer die Kirche durch Trunksucht, Hurerei oder andere schreckliche Verbrechen beleidigt, wird er ins Gefängnis geworfen und seines Amtes enthoben.

97

Nach Beendigung dieser Zensur werden die einzelnen Dekane unter Namensaufruf gefragt, ob sie von ihren Mitbrüdern irgendeinen Auftrag erhalten hätten, den sie der ganzen Synode vorlegen sollten. Wenn sie nun herrschende Mißstände anzeigen, wird darüber beraten, wie dagegen vorzugehen sei. Dann ermahnt der Obrist-Pfarrer alle eifrig, sich sorgfältig ihrer Aufgabe zu widmen. Zuletzt wendet er sich den Ratsherren zu, dankt ihnen für ihre Mühe, und wenn es angezeigt erscheint, etwas im Namen der Synode dem gesamten Rat zu unterbreiten, so bittet er, sie möchten der Synode ihren treuen Beistand leisten. Auch die Stadtpfarrer legen, wenn es angezeigt erscheint, dem löblichen Rat die Postulate der Synode vor und ersuchen ihn um seinen Rat und Beistand.

Die Brüder legen dann noch etwas für arme Pfarrerswitwen zusammen, und so wird die Versammlung entlassen.

Auch werden alljährlich im Januar und September, wenn aus der Stiftung Karls des Großen den Pfarrern Weizensemmeln ausgeteilt werden, vom Obrist-Pfarrer oder andern in lateinischer Sprache Vorträge über Angelegenheiten der Kirche und des Staates gehalten.

*

Recht genau schildert der Autor, wie eine Synode abgehalten wird. Ich will noch hinzufügen, was er selbst nicht berührt, oder was sich jetzt anders verhält.

Im Rathaus in Zürich werden zwei Synoden abgehalten, die eine wird allgemein die Mai-Synode, die andere die Gallus-Synode[148] genannt. Vier Wochen vor der Synode schickt der Dekan jedes Kapitels dem Antistes die Visitationsakten in die Stadt, wo sie die Herren Examinatoren durchlesen. (Der Dekan ist nämlich gehalten, alle Gemeinden zu visitieren und den Pfarrer über seine Gemeindeglieder sowie die Gemeindeglieder über die Angelegenheiten und Aufgaben des Pfarrers zu befragen). Am Montag wird eine Prosynode abgehalten, wo die Dekane mit den Stadtpfarrern über die hauptsächlichen Anliegen beraten, die am folgenden Tag vorzubringen sind.

Am Dienstag, dem ordentlichen Synodentag, hört man in den vier Stadtkirchen vier Pfarrer vom Lande predigen; vor der Predigt wird der 133. Psalm, nach der Predigt der 134. Psalm gesungen. Darauf begibt man sich ins Rathaus. Anwesend ist im Namen der löbl. Regierung der Herr Bürgermeister und mit ihm acht Mitglieder des Rates als Beisitzer.

Nachdem der ehrwürdige Antistes als Vorsitzender der Versammlung ein Gebet gesprochen hat, werden die Namen sämtlicher Gemeinden verlesen, deren Pfarrer antworten, wenn sie anwesend sind. Darauf werden auswärtige Pfarrer, die nicht Mitglieder unserer Synode sind, aber teilzunehmen wünschen, zugelassen, aber erst, nachdem sie vorher um Erlaubnis gebeten haben und ermahnt worden sind, die Geheimnisse der Synode zu bewahren. Sodann legen die jungen Diener am Wort, die sog. Exspektanten, der Behörde den Eid auf das Helvetische Bekenntnis mit der von Lavater beschriebenen Formel ab. Der Antistes läßt noch eine ernste Vermahnung folgen. Darauf legt der

Stadtschreiber der Versammlung, wenn den Pfarrern im Namen der hohen Regierung irgendwelche Mitteilungen zu machen sind, diese vor. Nachher schreitet man zur Zensur aller Pfarrer. Als erster geht der Antistes selbst mit allen hinaus, die mit ihm blutsverwandt oder sonst eng verbunden sind, nach ihm einzeln die andern. Wenn etwas Belastendes über jemand berichtet wird, so wird bei diesen Zensuren die Beurteilung und genaue Untersuchung dem Kollegium der bereits öfters genannten Herren Examinatoren anvertraut. Wenn ein Dekan seit der letzten Synode verstorben ist, macht jenes Kapitel der ganzen Versammlung drei Vorschläge, von denen einer von allen durch Handerheben gewählt wird. Der Gewählte tritt vor, worauf ihm der Stadtschreiber aus dem Büchlein über die Ordnung der Diener der Kirche die Amtspflichten eines Dekans[148a] vorliest. Darauf geht man zu den Übelständen über, soweit solche wegen der Zeitläufe oder der Ungerechtigkeit der Menschen in Blüte stehen. In kurzer Rede legt sie ein dazu bestimmter Dekan vor, die älteren Stadtpfarrer und Professoren erörtern sie.

Der ehrwürdige Antistes beschließt die ganze Verhandlung mit einer ernsten Rede über die Würde des Ministeriums, über die Aufgabe und die andern Pflichten der Pfarrer. Er dankt im Namen der Pfarrer dem Bürgermeister und dem Rat, der sie auf Geheiß der hohen Regierung seines Wohlwollens versichert. Gleichzeitig legt er kurz den Zustand der auswärtigen Kirchen dar, die entweder im Frieden blühen oder unter Verfolgung leben. Dieser Bericht erfreut meistens die Landpfarrer sehr, da sie sonst über fremde Angelegenheiten nur wenig erfahren.

Die Versammlung wird aufgehoben, und jeder kehrt aus

dem Rathaus nach Hause zurück. *Am Tage darauf wird noch eine theologische Disputation unter dem Vorsitz eines der beiden Professoren der Theologie abgehalten, wobei sich die Landpfarrer in der Reihenfolge ihrer Kapitel als Opponenten stellen. Und so geht allmählich jeder in Frieden zu seiner Herde.*

XXIV
Die Kirchenzucht

Wie man über den Lebenswandel der Diener der Kirche nachforscht, haben wir schon behandelt. Auch werden Zensoren gewählt, um der Trunksucht Verfallene und andere zu tadeln. Die Eherichter laden jene vor, die die heiligen Predigten vernachlässigen, die des Ehebruchs, der Kuppelei und Schandtaten ähnlicher Art verdächtig sind, und bemühen sich, daß diese von nun an einen besseren Lebenswandel führen, auch daß nicht von neuem Bordelle, die bei uns aufgehoben worden sind, errichtet werden. Sie können auch Pfarrer, die unsittlich leben, vorladen und gemäß ihrer Autorität gegen sie vorgehen.

In den Gemeinden der Zürcher Landschaft werden ältere Männer gewählt, die zusammen mit dem Pfarrer die Übelstände beseitigen sollen.

Nachher bestraft die Oberbehörde die Übeltäter, z.B. die Gotteslästerer oder Meineidigen. Es ist aber Brauch, daß auch einige von den ersten Pfarrern[149] jene begleiten, die zur Hinrichtung geführt werden und sie mit Gottes Wort aufrichten und trösten.

*

Im Kapitel über die Exkommunikation ist schon einiges über die Kirchenzucht erwähnt worden. Bei uns übt sie der Pfarrer aus, entweder privat durch persönliche Ermahnung, Aufmunterung, durch Tadel und Wiedergutmachung, oder öffentlich von der Kanzel herab, wobei er über alle seine Schritte genaue Anweisungen besitzt. Die Kirchenpflege[150], welche der Pfarrer einmal im Monat einberuft, (der sog. Stillstand[151]), arbeitet dabei eng mit dem Pfarrer zusammen. Dort melden vereidigte Aufseher, die sog. Ehegaumer[152], wenn ein Verstoß gegen die Frömmigkeit oder die guten Sitten vorliegt. Die Fehlbaren werden vorgeladen und zurechtgewiesen, Widerspenstige wieder gewonnen. Liegt ein schwerwiegender Fall vor, wird er der Oberbehörde, dem Obervogt oder Landvogt übergeben, der dann den Übeltäter mit Geldbuße, Gefängnis oder anderswie bestraft.

Es gibt auch jene Gerichte, die über verschiedene Vergehen eine jeweils entsprechende Zucht ausüben. Da ist das Zensurgericht, die Reformationskammer[153], zu nennen, vor der jene zu erscheinen haben, die gegen die Kleider-, Luxus- und Tischgesetze[154] sündigen oder sich durch Prügeleien, Streit, lasterhafte Reden, nächtliche Schwelgereien, Lärmen und Herumziehen schuldig gemacht haben.

Weiter gibt es ein Ehegericht oder Ehekonsistorium, das aus acht Richtern besteht, von denen zwei dem kirchlichen Stand angehören. Hier werden sämtliche Vergehen, die Wollust, Ausschweifung, Hurerei und Ehebruch angehen, sowie alles, was Ehe und Scheidung betrifft, geprüft oder auch bestraft.

Außerdem werden Fälle, die nach Zauberei aussehen, untersucht und beurteilt. Sehr schwere und außergewöhnliche Verbrechen, auf denen die Todesstrafe steht (Kapitalverbrechen), sind der höchsten Behörde vorbehalten.

Die Strafen sind jeweils im Verhältnis zum Delikt verschieden: Geldbußen, Einkerkerung, Halseisen, Arbeitshaus (Zuchthaus). Manchmal werden die Fehlbaren gezwungen, vor die ganze Gemeinde hinzutreten, und der Pfarrer wird aufgefordert, gegen sie, während sie anwesend sind und an erhöhter Stelle aufgestellt stehen, zu predigen und die übrigen Gemeindeglieder durch deren Beispiel von ähnlichen Vergehen abzumahnen. Nicht selten wird ihnen dabei auferlegt, in Gegenwart aller den Erdboden zu küssen. Todesstrafen werden meistens mit dem Schwert durch Enthauptung, sehr selten auf andere Art vollstreckt. Dabei sind dauernde Begleiter zwei Pfarrer, die Archidiakone und ein zweiter Diakon.

XXV
Bestrafung von Sektierern

Obwohl unsere Kirche nicht bezweifelt, daß der Religionsverletzung Angeklagte zu bestrafen seien, ist sie dennoch bei ihrer Bestrafung sehr vorsichtig.[155] Sie nimmt Rücksicht auf die Personen, die Irrtümer und auch auf ihre Strafen. Es gibt nämlich solche, die man leicht auf den rechten Weg zurückrufen kann, die nicht gefährlich irren und die mit leichten Strafen in Schranken gehalten werden können. Sie werden zwar ins Gefängnis geworfen, doch läßt sie die Behörde vorerst von Dienern des Worts belehren. Wenn sie hartnäckig bleiben, beläßt man sie eine Zeitlang in Gefangenschaft. Sollte ihr Starrsinn sich nicht brechen lassen, werden sie schließlich aus Stadt und Landschaft Zürichs verbannt. Auch ist an Wiedertäufern bei uns die Todesstrafe nur an ganz wenigen vollzogen worden, weil sie ihren Eid verletzt und Aufruhr gestiftet hatten.

*

105 *Wer von der wahren Religion abweicht, den sucht man auf jede legitime Weise auf den rechten Weg zurückzuführen und durch Diener des Wortes zu belehren. Wenn sie sich nicht umstimmen lassen, werden sie aus dem Stadtgebiet verbannt, doch wird keine Zwangsherrschaft gegen das Gewissen ausgeübt. Allein der Religion wegen wird über niemand ein Todesurteil gefällt. Daß jedoch Wiedertäufer so bestraft worden sind, geschah aus keinem anderen Grund, als daß sie immer wieder versucht haben, die Grundlagen der Staatsverfassung zu zerstören, das Ablegen von Eiden aufzuheben, die Regierung abzuschaffen und eine verderbliche Anarchie einzuführen.*

XXVI
Kriege

Wie Gott das Volk der Israeliten angewiesen hat, sie sollten, wenn sie Krieg führen wollten, ihre Leviten im Lager bei sich haben, so wählen auch die Zürcher, wenn man gegen den Feind zu Felde zieht, Diener der Kirche, die im Lager die Soldaten unterweisen und ermutigen sollen. Niemals bedürfen wir nämlich mehr des Trostes und der Belehrung, als in Kriegs- oder anderen Gefahren.[156]

*

Wenn man in Kriegen gegen den Feind zu Felde zieht, wählen sie Diener der Kirche, die im Lager die Soldaten unterweisen und ermutigen sollen. Dies stand schon vor der Reformation in Geltung. Deshalb hat Zwingli, als er in die Schlacht bei Kappel zog, dies nicht als Krieger, sondern als Pfarrer nach der Sitte des Volkes getan. 106

XXVII
Buchdruckereien

Es steht nicht jedermann frei, alles zu veröffentlichen, was er gern möchte, sondern es ist eine Kommission aus Ratsherren und Pfarrern als Bücherzensoren eingesetzt, die dafür zu sorgen haben, daß keine anrüchigen Bücher oder solche, die zum wahren Glauben und der Ehrbarkeit im Widerspruch stehen, herausgegeben werden.

*

In der Stadt gibt es einige berühmte Buchdruckereien, aber auf dem Lande werden keine geduldet, weil dort eine Aufsicht nicht leicht durchführbar wäre. Es steht nicht jedermann frei, alles zu veröffentlichen, was er gern möchte, sondern die höchste Staatsgewalt läßt es sich angelegen sein, daß nicht eine Kunst sich für die Kirche als verderblich erweist, die zur Verbreitung der göttlichen Wahrheit dem Menschengeschlecht von Gott gestattet worden ist. Deswegen sind klugerweise aus beiden Ständen gelehrte Bücherzensoren[157] eingesetzt worden, und nichts Kleines noch Großes wird gedruckt, das nicht durch ihre Hände gegangen wäre. Wann immer es ihnen gut scheint, besuchen sie die Buchdruckereien, und wenn sie irgendetwas entdecken, das der Zensur nicht vorgelegt worden ist, bringen sie es auf der Stelle vor die oberste Behörde. Die Fehlbaren werden je nach verursachter Gefahr mit einer Geldstrafe belegt, oder die Druckerei wird ihnen weggenommen. Solche Bücher aber, auf die die Kirche und der Staat ohne Schaden verzichten können, erhalten nicht unbesehen die Druckerlaubnis.

XXVIII
Gegnerische Schriften

In Zürich ist es erlaubt, irgendwelche Bücher zu verkaufen, wenn sie nicht magischen oder völlig gottlosen Inhalts sind. Denn die meisten Bücher der Gegner werden nicht in der Weise durch die Hl. Schrift bestärkt, daß die Unsrigen irgendeine Gefahr zu befürchten hätten. Ja, die Prediger ermahnen sogar das Volk dazu, die Lehre, die sie weitergeben, mit der von andern vorgeschlagenen sorgfältig zu vergleichen und gemäß dem Rat des Apostels Paulus alles zu prüfen und das Gute zu behalten.¹⁵⁸

*

Keine Bücher werden vom Verkauf oder der Lektüre ausgeschlossen, außer wenn sie von Magie oder vom Gift der Gotteslästerung, Ketzerei und Gottlosigkeit voll sind. Die Schriften der übrigen Gegner dürfen verkauft werden, damit die Wahrheit neben die Lüge gestellt werden kann und so mehr hervorleuchtet.

XXIX
Das Ehegericht

Vom Rat der Zweihundert, dem Großen Rat, werden aus den Dienern der Kirche, den Ratsherren und aus dem Volk ehrenhafte und würdige Männer ausgewählt, welche die Eheangelegenheiten zu beurteilen haben, damit die Unsrigen nicht vor dem Konsistorium des Bischofs von Konstanz, zu dessen Diözese einst das gesamte Gebiet Zürichs gehörte, mit päpstlichen Gesetzen geplagt werden. Es ist die Aufgabe dieser Richter, die Ehen zu verteidigen, Ehebrecher zu bestrafen, zerstrittene Ehegatten wieder zu versöhnen, ebenso Ehen zu scheiden, falls gerechte und schwerwiegende Gründe dafür bestehen, die öffentliche Ehrbarkeit zu schützen; Frauen vorzuladen, deren Sittsamkeit unter Verdacht steht, ebenso zu verhüten, daß solche, die in verbotenen Verwandtschaftsgraden zueinander stehen, getraut werden,[159] und auch andere Fragen zu behandeln, die zum Teil schon oben behandelt worden sind.[160]

*

Über das Ehegericht ist schon im Kapitel «Kirchenzucht» gehandelt worden; wir merken an dieser Stelle wenigstens noch zwei Punkte an: In bezug auf die nach göttlichem Recht verbotenen Verwandtschaftsgrade dispensieren wir nicht, wie auch weder der Papst noch irgendeine andere menschliche Macht zu Recht dispensieren kann. Wir zählen den zweiten und dritten Grad zu den Verwandtschaftsgraden, in denen bei uns Ehen verboten sind, und zwar durch kein kirchliches, sondern durch ein rein staatliches und ziviles Gesetz, nämlich wegen des Ausstandes, weil bis zu diesem Grad Blutsverwandte bei Wahlen, Abstimmungen und Prozessen in Ausstand zu treten gehalten sind. Deshalb wird eine Ehe von Personen, die gegen diese Gesetze verstoßen, auch nicht gelöst, sondern, weil ein rein staatliches Gesetz verletzt wird, kann vom Rat für eine gewisse Geldsumme Dispensation erkauft werden.

Scheidungen werden ausgesprochen einerseits von Tisch und Bett, wenn schwerwiegende Gründe dazu drängen, andrerseits mit Gefängnisstrafe verbunden, wo die eheliche Treue von einem Partner entweder durch Ehebruch oder böswilliges Verlassen verletzt worden ist.

XXX
Die staatlichen Behörden

Damit die Behörden einsehen, daß sich die Fürsorge der Kirche auch auf sie erstreckt, werden sie nach altem Brauch in der Kirche vereidigt. Und wie sie in früheren Zeiten der Römischen Kirche Nützlichkeit und Würde geschworen haben, so werden sie jetzt der Kirche Christi durch ihren Eid verpflichtet. Auch werden von der Kanzel verschiedene nützliche Gesetze bei der Bestätigung der Behörden vorgelesen: gegen das Reislaufen, Amtsbestechung, Wucher, Gotteslästerung, Würfelspiel, Trunkenheit, geschlitzte Stiefel usw.[161]

Die Gesetze werden bisweilen auch von den Dienern des Wortes, wenn Ort und Zeit es erfordern, in den Predigten verlesen, um zeigen zu können, daß sie mit dem Wort Gottes übereinstimmen, und um die Untertanen zum Gehorsam gegenüber den Behörden anzuleiten.

Wer in den Rat der Zweihundert aufgenommen wird (aus soviel Männern besteht nämlich der Große Rat), bekennt vor dem zur Sitzung versammelten Rat seine Treue, und verspricht mit seinem Eid, nichts gegen die wahre Religion und ehrenhafte Gesetze zu unternehmen, sondern sie nach Kräften zu verteidigen.

*

Wir halten dafür, daß es der höchsten Behörde zukomme, die Kirche nicht nur zu verteidigen und zu beschützen, sondern auch in Religionsangelegenheiten zu erkennen und zu entscheiden. Daher schwört nicht nur die höchste Behörde zweimal im Jahr im Großmünster, die wahre Religion zu schützen, sondern auch jeder, der in den Rat der Zweihundert aufgenommen wird, verspricht in Gegenwart des gesamten Rates mit seinem Eid, sich dafür ebenfalls einzusetzen.

Die von der Behörde erlassenen Gesetze werden von der Kanzel herab öffentlich bekanntgegeben, in der Stadt vom Stadtschreiber, auf dem Lande vom Pfarrer persönlich, der meistens statt einer Predigt eine Mahnrede nach Gottes Wort über den der Behörde in allen gesetzmäßigen Angelegenheiten geschuldeten Gehorsam anfügt.

XXXI
Krankenpflege und Krankenbesuch

Da uns Satan niemals mehr anficht, als wenn uns Unglück bedrückt und die Todesstunde droht, gehen die Pfarrer zu den Unglücklichen und Kranken, um sie zur wahren Reue und Geduld zu ermahnen und sie durch Gottes Wort aufzurichten.[162] Weil das Hl. Abendmahl eine öffentliche Feier der ganzen Gemeinde ist, reichen sie es den Sterbenden nicht, aber sie legen ihnen dar, wie und zu welchem Zweck Christus es eingesetzt hat und welchen Gewinn sie selbst notwendigerweise daraus ziehen, daß sie in öffentlicher Versammlung mit andern frommen Menschen zusammen an den Symbolen des Leibes und Blutes Christi teilhaben konnten.

*

Pflege und Besuch der Bettlägerigen ist nach Vorschrift der Obrigkeit streng auferlegte Pflicht und durch die Praxis selbst im Brauch. Ja, sogar wenn kein Krankheitsfall vorliegt, ist verordnet, Hausbesuche auszuführen, und die fleißigen Pfarrer tun dies auch. Das Einzel-Abendmahl oder die private Kommunion aber bei Sterbenden ist nicht gebräuchlich, nicht weil wir die Gewohnheit anderer Kirchen mißbilligen, sondern weil wir der Meinung sind, daß es eine Gemeinschaftsangelegenheit bzw. eine Feier der ganzen Gemeinde ist. Indessen trösten wir die Kranken mit einer Darlegung darüber, zu welchem Zweck von Christus das Mahl des Herrn eingesetzt worden ist und was für einen Gewinn sie selbst daraus notwendigerweise ziehen, daß sie einst mit andern Frommen in öffentlicher Versammlung der heiligen Symbole teilhaftig werden durften. Der Wert des empfangenen Sakraments ist nämlich kein physischer, der im Augenblick geschieht, aber bald vorübergeht, sondern ein moralischer, der seine Wirkung in gleicher Weise für die Zukunft wie für die Gegenwart erweist und der ganz und gar aus dem wahren Glauben erwächst.

XXXII
Begräbnis und Abdankung

Die Leichen der Verstorbenen wirft die Zürcher Kirche nicht weg, wie man es mit toten Eseln macht, sondern man hüllt sie in ein Tuch und legt sie auf eine Bahre. Darauf wird der Hinschied eines jeden den Zünftern[163] angezeigt (die Stadt ist nämlich in zwölf Bruderschaften oder Zünfte

PLANCHE V.

A. Le Cercueil porté par huit Membres du Grand Conseil.
B.B. Les Fils et Proches Parens du Défunt en habits de Deuil.
C. Les Bourgeois de la Tribu du Défunt.
D. Autres Bourgeois.
E. Les Filles et Proches Parentes du Défunt en habits de Deuil.
F. Autres Femmes.
G. Tailleur.
H. Messieurs ou Femme, qui a annoncé l'Enterremens par la Ville.
I. Vüe du Stalicker, l'un des Fauxbourges de Zurich.

FUNERAILLES
d'un
SEIGNEUR de DISTINCTION.

eingeteilt). Diese kommen zur festgesetzten Stunde ins Haus des Verstorbenen und bezeugen den Kindern, Verwandten und Verschwägerten ihr Beileid. Auch die Nachbarn und andere Bürger erscheinen. Schließlich wird die Leiche auf den Friedhof gebracht. Ihr folgen die Kinder, Verwandten, Freunde und Männer jeglichen Standes, darauf die Frauen in großer Bescheidenheit. Auf dem Friedhof angelangt, werden keine Grab- oder Lobreden gehalten, sondern der Zunftmeister dankt in kurzen Worten allen im Namen der Verwandten für das ehrenvolle Leichengeleit[164] und sagt ihrerseits die gleiche Bemühung in traurigen wie erfreuenden Umständen zu. Nachher geht man in die Kirche, wo die Teilnehmer des Leichengeleites ein stilles Gebet verrichten, und zwar nicht für den Verstorbenen, sondern für seine Familie, und damit der Herr allen verleihen möge, das Elend dieses Lebens zu erwägen und nach dem himmlischen zu lechzen.

Am folgenden Sonntag wird des Verstorbenen im öffentlichen Gottesdienst unter Namensnennung ehrenvoll gedacht und werden alle an das menschliche Los erinnert. Auf dem Land werden die Glocken geläutet, nicht weil dies irgendeinen Nutzen für den Verstorbenen hätte, sondern damit die Leute zahlreich am Begräbnis teilnehmen oder auch, an ihr eigenes Los gemahnt, sich rechtzeitig auf den Tod vorbereiten.

*

Bei Begräbnissen gibt es keine eitle Prunksucht; sie sind ehrbar und bescheiden. Die Toten werden in ein Tuch ein-

gehüllt, auf eine Bahre gelegt und in der Regel am dritten Tag bestattet. In der Stadt gibt es keine Grabreden. Behördemitglieder und Untertanen, Herren und Knechte erhalten die gleiche Totenfeier. Durch den Kirchhof geht man in die Kirche, wo man zu Gott betet, aber nicht für den Verstorbenen, sondern man dankt Gott für dessen Befreiung aus den Banden des Todes und bittet für die Familie des Verstorbenen, für seine Hinterbliebenen, für Kranke, Betrübte und Sterbende.

Die Friedhöfe grenzen an die Kirchen, kennen keine Unterschiede des Standes und weisen sehr selten Grabsteine und Grabschriften auf.

XXXIII
Friedhöfe

In der Stadt gibt es vier Friedhöfe[165], wo die Toten beigesetzt werden. Sie werden sauber gehalten, und es ist gesetzlich bestimmt, daß auf ihnen keine gewöhnlichen Tätigkeiten ausgeübt werden dürfen.[166] Es besteht auf ihnen kein Unterschied weder nach Standort noch Begräbnis zwischen arm und reich. Auch werden keine Grabschriften mehr auf Grabsteine oder eherne Tafeln eingegraben. Die Gräber werden nicht mit zugehauenen Grabsteinen bedeckt, damit der frühere Gräberluxus nicht wiederkehrt. Die Gebeine der Toten werden nicht zu Haufen geschichtet, sondern in der Erde vergraben, damit sie gemäß dem Wort des Herrn wieder zu Staub zerfallen.

Schlußwort

Mit diesen eher kurz entlehnten als kommentierten Worten des berühmten Theologen[167] unserer Schule schließen wir. Er fügt seinen Bemerkungen über die Bräuche unserer Kirche als Schlußwort folgende vier Paragraphen bei:
1. Der Zürcher Kirche fehlt nichts, was zu Zeiten der Apostel in der Kirche gebräuchlich gewesen ist. Sie hat nämlich Lehre, Gebete, Sakramente und anderes, was zur guten Ordnung der Kirche gefunden und eingerichtet worden ist.
2. Es ist nicht zu mißbilligen, daß zur Zeit der Reformation der Luxus der kirchlichen Gewänder, die Wandmalereien, der Orgelklang und andere, vergoldete Ergötzlichkeiten aus der Kirche verbannt worden sind.
3. Auf keine Weise kritisieren wir jedoch diejenigen, die, unserer Schlichtheit ungewohnt, je nach ihrem Ort, ihrem Volk und ihrer Gewohnheit andere Bräuche haben als wir.
4. Wir halten aber diejenigen eines schrecklichen Aberglaubens für schuldig, welche die von Gott befohlene Heiligkeit nicht so sehr nach der Sinnesart, als vielmehr nach der Handhabung der äußerlichen Bräuche beurteilen.

Anmerkungen

Lavater-Ott wird nach den Seitenzahlen des lateinischen Originals, die der Übersetzung am Rand beigedruckt sind, zitiert, z.B. LO 7.
In den Anmerkungen habe ich vor allem Schmids Buch berücksichtigt, da es jedermann zugänglich ist. Sowohl Wirz wie Schmid werden nur unter ihrem Namen zitiert:

Wirz: Johann Jacob Wirz, Historische Darstellung der urkundlichen Verordnungen, welche die Geschichte des Kirchen- und Schulwesens in Zürich betreffen, 2 Bände 1793/94.

Schmid: Gotthard Schmid, Die Evangelisch-reformierte Landeskirche des Kantons Zürich, eine Kirchenkunde für unsere Gemeindeglieder, Zürich, Schulthess, 1954.

1 Zur Biographie Lavaters: Johann Wilhelm Stucki, Biographie als Vorwort zu Lavaters Homilien zu Nehemia, postum 1586. Johann Hch. Hottinger, Schola Tigurina, 1664, S. 144f. Jöcker, Allg. Gelehrten-Lexicon, 1750, 2296; fortgesetzt von Rotermund, 1810, III 1354. Neujahrsblatt der Gesellschaft auf der Chorherrenstube Zürich 1832. Historischbiograph. Lexikon der Schweiz, IV 635 (1927), wo das Todesdatum falsch angegeben ist.

2 Ludovici Lavateri opusculum denuo recognitum et auctum cura Joh. Bapt. Ottii, 1702 bei David Gessner in Zürich erschienen. Diese Ausgabe liegt der Übersetzung zugrunde.

3 Zur Biographie Otts: Hist.-biograph. Lexikon der Schweiz, V 365 (1929).

4 Es handelt sich um acht Briefe an Bullinger und einen Antwortbrief Bullingers vom 24. Aug. 1554, die Ott am Ende des Buches abdruckt. Da sie mit Lavaters und Otts Arbeit keinen Zusammenhang aufweisen, werden sie hier nicht dargeboten.

5 Die vom sog. Langen Parlament einberufene Westminster Assembly hatte 1648 die Westminster Confession verabschiedet, ein presbyterianisches Glaubensbekenntnis.

6 Als p.m. = primus minister = Obrist-Pfarrer 1649–1668 im Amt.

7 Die von Zwingli 1531 an König Franz I. von Frankreich übersandte Bekenntnisschrift Expositio fidei beförderte Bullinger 1536 zum Druck, s. Hch. Bullinger Werke, herausgeg. von Fritz Büsser, Bd. I, Bibliographie, bearb. v. Joachim Staedtke, Zürich 1972, 702.

8 primarius pastor, seit 1680 offiziell Antistes genannt (Schmid S. 196, 217). Wilhelm Baltischweiler, Die Institutionen der evang.-ref. Landeskirche des Kantons Zürich in ihrer geschichtl. Entwicklung, Diss. Zürich 1904, S. 87. Hans Rudolf v. Grebel, Der Antistes, NZZ 10.6.1973, S. 53.

9 Hier ist der Vorsteher (Rektor) des Carolinums gemeint, s. unten LO 14.78.82.
10 Des Schulherren Hof, die Schuley, einer der alten Chorherrenhöfe (Ulrich Ernst, Geschichte des zürcherischen Schulwesens bis gegen Ende des 16. Jh., 1879, S. 63), heute die Helferei.
11 S. unten LO 12, vgl. Wirz I 278 f., 349, Schmid S. 217.
12 Schmid S. 168.
13 Im Großmünster am Mittwoch und Samstag, Schmid S. 194.
14 Die Anwärter auf ein Pfarramt nannte man die Exspektanten. Seit 1644 bildeten sie ein eigenes Kapitel unter einem besonderen Dekan, Schmid S. 194.
15 Vgl. Schmid S. 194 f.
16 Zwingli 1484–1531, in Zürich seit 1519
Bullinger 1504–1575, Antistes 1531–1575
Gwalter 1519–1586, Antistes 1575–1585
Lavater 1527–1586, Antistes 1585–1586 (s. Einführung S. If.)
Stumpf 1530–1592, Antistes 1586–1592
Leemann 1531–1613, Antistes 1592–1613
Breitinger 1575–1645, Antistes 1613–1645
Irminger 1588–1649, Antistes 1645–1649
Ulrich 1602-1668, Antistes 1649–1668
Waser 1612–1677, Antistes 1668–1677
Müller 1616–1680, Antistes 1677–1680
Erni 1630–1688, Antistes 1680–1688
Klingler 1649–1713, Antistes 1688–1713
Vgl. G.R. Zimmermann, Die Zürcher Kirche 1519-1819 nach der Reihenfolge der Zürcher Antistites, Zürich 1877.
16a. Wahrscheinlich ist im lat. Text ein m. (ministri) vor ecclesiae ausgefallen. Die Übersetzung würde dann lauten: Die Diener der Zürcher Kirche haben auf dem Lande....
17 Schmid S. 214: So heißt schon in vorreformatorischer Zeit der Stellvertreter des Dekans, der die Verwaltung betreut.
18 Professoren des Collegium Carolinum am Großmünster.
19 Gemeint ist der Obmann gemeiner Klöster, d.h. der Verwalter der eingezogenen Klostergüter.
20 Gemeint sind die zwei Stiftspfleger vom Kleinen Rat.
21 Das Chorherrenstift («die Stift») am Großmünster war von Zwingli in eine Hochschule zur Ausbildung der Zürcher Theologen umgewandelt worden, Chorherren (reformierte Canonici!) gab es bis 1833.
22 Johann Caspar Wolf 1638–1740, Professor für Neues Testament seit 1688.
23 der sog. Kleine Schulrat.

24 Johann Jacob Hottinger 1652–1735, Professor für Altes Testament seit 1698.
25 Johann Jacob Gessner 1639-1704, Archidiakon seit 1682
   Johann Rudolf Sim(m)ler 1639-1706, Archidiakon seit 1692
   Hans Kaspar Brunner 1649-1705, Diakon 1687, Archidiakon 1704
   Wilhelm Hofmeister 1652-1715, Leutpriester am Großmünster 1698, daselbst Archidiakon 1706.
26 Johann Jacob Ulrich 1636-1709, Pfarrer seit 1681
   Melchior Wolf, 1648-1715, Diakon 1684.
27 Peter Zeller 1655-1718, war 1713-1718 Antistes.
   Hans Heinrich Ulrich 1656-1730, Diakon am Fraumünster 1699, Pfarrer daselbst 1713.
28 Zucht- und Waisenhaus Oetenbach, s. LO 90.
29 Spital das frühere Predigerkloster, auch Herberge, s. LO 89.
30 Sie bildeten von 1695 bis 1708 das sog. Filialistenkapitel.
31 St. Moritzkapelle in Zürich-Unterstrass, in der Spanweid, heute Ecke Beckenhof/St. Moritzstraße, 1895 abgebrochen.
32 1611 am heutigen Kreuzplatz in Zürich erbaut, 1839 nach Erbauung der Neumünsterkirche abgebrochen.
33 Freiamt: zwischen Albis und Reuss, später Knonaueramt, Bezirk Affoltern a.A.
34 Stein am Rhein gehörte bis 1798 zu Zürich.
35 Groenenbach und Herbishofen: Philipp v. Pappenheim brachte dorthin 1559 das reformierte Bekenntnis. Bis 1806 bestanden enge Beziehungen zur Schweiz.
36 Ott schreibt fälschlich «Fürstbischof» statt «Fürstabt».
37 Vgl. Schmid S. 167.
38 Die lat. Bezeichnung «collare modestum» bedeutet eigentlich «einen bescheidenen Kragen», Ott übersetzt aber selbst «einen dicken Kragen» ins Deutsche.
39 James Usher, anglikanischer Theologe, 1581-1656.
40 S. Anm. 14.
41 Eine Hugenotten-Gemeinde bestand seit 1685. Eine Exulantenkammer sorgte für die Flüchtlinge; ein eigenes Konsistorium von vier Zürchern und vier Hugenotten überwachte die kirchliche Ordnung. Für den 28. März 1688 sind in der Stadt Zürich 1073 Flüchtlinge, vornehmlich Hugenotten, bezeugt. (Rudolf Pfister, Kirchengeschichte der Schweiz II, 1974, 508-517. Schmid S. 179).
42 Gemeint sind die Filialgemeinden, s. LO 15.
43 Zum Kirchengesang s. Schmid S. 66 ff.
44 Der Tag der Beschneidung Christi ist der Neujahrstag, Schmid S. 42 f.

45 Der sog. Dritte Landfrieden, geschlossen nach dem für die protestantische Sache ungünstigen Ausgang des Ersten Villmerger Krieges 1656.
46 Gemeint ist, das Volk habe wegen des üblen Rufes des Verdienstgedankens das Fasten immer mehr abgelehnt.
47 «Das Zeichen läuten» noch heute geläufiger Ausdruck.
48 Schon Zwingli hielt lectio continua, d.h. fortlaufende Erklärung eines zusammenhängenden Bibelabschnittes, in seinen Predigten.
49 Das Ave Maria fiel 1563 weg (Schmid S. 32).
50 Idolatrie, Anspielung auf die Heiligenverehrung.
51 Vgl. LO 32.
52 Schmid S. 127: «1541 wurden aus den Katechismuspredigten eigentliche Sonntagskatechisationen, bei denen in Frage und Antwort der Katechismusstoff behandelt wurde», in erster Linie für Kinder und Jugendliche gedacht, aber auch für ihre Eltern, jeweils drei Uhr nachmittags.
53 Liturgie oder Kirchenordnung, die auf Bullingers «Christennlich ordnung und brüch der kilchen Zürich» von 1535 (Staedtke 613) zurückgeht, Schmid S. 62. Hier meint Ott Kanzelgruß, Fürbitte für um ihres Glaubens willen Verfolgte, Unser Vater, Schmid S. 32.
54 S. das 14. Kapitel LO 62 f. Schmid S. 32: «Der Predigt schloß sich die Abkündigung der Toten an, dann folgte die ‹offene Schuld› als ein gemeinsames Sündenbekenntnis, das Unser Vater, das Ave Maria, die Zehn Gebote, Schlußgebet, Kollektenbitte, Fürbitte und Segen. Das Ave Maria fiel 1563 dahin. Die ‹offene Schuld› wurde 1675, die Verlesung der Zehn Gebote und des Glaubensbekenntnisses 1769 aufgegeben. Ebenfalls 1769 gab man das Knien des Pfarrers während des von ihm und der Gemeinde leise gebeteten Unser Vaters auf.»
55 S. Anm. 41.
56 Alba in den Niederlanden.
57 Von 1484 bis 1798 unter zürcherischer Oberhohheit.
58 LO 40.
59 lateinisch.
60 Schmid S. 68.
61 also in der Katechismuspredigt um 11 Uhr.
62 Schmid S. 254: Katechismusgesang seit 1624, der Textdichter war Johann Caspar Maurer.
63 Schmid S. 126 ff., 132 f.
64 Schmid S. 250 ff.
65 1639 von Caspar Ulrich, Diakon am St. Peter, besorgt (Schmid S. 254).
66 1639 von Archidiakon Hans Caspar Suter in diese Form gebracht (Schmid S. 253 f).
67 Markus Beumler 1555-1611, 1594 Archidiakon am Großmünster, 1607 Professor des Alten Testaments am Carolinum, gab 1609 seinen Kate-

chismus heraus, der bald verbindlich wurde. Vgl. Salomon Hess, Geschichte des Zürcher Catechismus von seinem Entstehen an bis auf die jetzigen Zeiten, Zürich 1811; Schmid S. 253. – Felix Wyss, 1596-1666, ließ eine Analysis Catechismi Tigurini erscheinen (Wirz I 250). – Johann Conrad Burckhard Catechesin Tigurinam concionibus exposuit easque vulgavit 1659 (Hottinger Schola Tig. 90). – Jacob Meyer, Haus- und Reislehrer oder Ausführung des Catechismi in kurtzen Fragen und Antworten, Schaffhausen 1677. – Bartholomaeus Anhorn, Analysis practica homilitica Catechismi Tigurini, Basel 1683. – Johann Heinrich Zeller, Idea Catechismi theoretico-practici, 1695.
68 Charles Drelincourt, Catéchisme ou Instruction familière sur les princ. points de la Religion chrétienne, 2. éd. Zurich 1721.
69 1. Mos. 6,18: Noah, seine Frau, seine drei Söhne und drei Schwiegertöchter.
70 bzw. *in* den Namen, so Zwingli, s. Schmid S. 78.
71 Schmid S. 77.
72 Schmid S. 79: «Die Hebammentaufe wurde 1592 durch die Synode aberkannt. 1596 wurde festgestellt, daß Kinder, die von Frauen getauft worden seien, nochmals getauft werden müßten. S. 80: «Gegen die Nottaufe konnte Zwingli sagen, daß nach seinem Dafürhalten der frühe Tod eines Kindes eher als Zeichen der Erwählung zur Seligkeit zu erachten sei.»
73 Vgl. Erika Welti, Taufbräuche im Kanton Zürich, Diss. Zürich 1967.
74. D.h. es bedarf des Taufwassers nicht zur Seligkeit, die Taufe ist keine Heilsnotwendigkeit.
75. Pfarrer, Exspektanten, Theologiestudenten, Professoren, Lehrer, vgl. LO 53, 56, 61.
76 als Angriffs- und Mordwaffe.
77 Daraus ist schließlich die Konfirmation entstanden, jedoch erst viel später (Schmid S. 133 f.).
78 Also nur Theologen.
79 Ein Gemeindeältester, ein Mitglied des Stillstands (der heutigen Kirchenpflege). Schmid S. 185: «Die Stillständer hatten beim Abendmahl anzudienen.»
80 Die ‹offene Schuld›, s. Anm. 54.
81 bzw. Hochzeiten, aber s. LO 69.
82 Die Ehe ist nach reformierter Auffassung kein Sakrament, sondern «eine Schöpfungsordnung von Anbeginn» (Schmid S. 92), etwas Natürliches, das die Kirche nur segnet, nicht begründet. Daher kann ohne weiteres ein Laie die Trauung rechtsgültig vollziehen; in der Kirche wird die Ehe nur noch «eingesegnet». Vgl. Kirchenbuch 2,1 (herausgeg. vom Kirchenrat des Kantons Zürich, 1973), Einführung.

83 Vielleicht liegt ein Druckfehler in Lavaters Text vor: dicite statt dicit. Die Übersetzung hätte dann zu lauten: Und er spricht.
84 S. LO 108 f.
85 Die Schola Abbatissana und die Schola Carolina, zwei Lateinschulen (heute ‹Gymnasien›), wie Ott ausführt.
86 Die Auswahl der Autoren ist aufschlußreich: Die römische Komödie wird nur durch Terenz vertreten, Plautus fehlt. Auch Catull, Seneca und Platon fehlen, statt Livius erscheint Herodians Römische Geschichte, griechisch im 3. Jahrhundert nach Chr. geschrieben.
87 Gemeint sind die unteren Schulen (Volksschulen). Zu ‹höhere Schulen› (scholae publicae) vgl. Anm. 112.
Zum Verhältnis Schule-Kirche zwischen Reformation und 1832 (Gesetz über die Organisation des Unterrichtswesens im Kt. Zürich) s. Schmid S. 136 ff.
88 Entlassung aus der Schule «geschah gewöhnlich im 10. Altersjahr, da die Kinder von da weg bereits als willkommene Arbeitskräfte erschienen», Schmid S. 138.
89 Nachtschulen, da hier von 18 bis 22 Uhr unterrichtet wurde, Schmid S. 138.
90 D. h. des weltlichen und kirchlichen Standes, also Vertreter der Regierung und der Kirche.
90a Die Deutsche Schule befand sich am Neumarkt.
91 Großstadt (mehrere Stadt): Zürich rechts der Limmat mit Großmünster, als dessen Gründer Karl der Große gilt, daher ‹Karlsschule›. Kleinstadt (mindere Stadt): Zürich links der Limmat mit Fraumünster, daher ‹Schule der Äbtissin des Fraumünsterstifts›.
92 Welche Autoren gemeint sind, sieht man oben bei Lavater. Da in der letzten Klasse im Griechischen die vier Evangelien gelesen werden, hat unterdessen allerdings die Verteilung des Stoffes geändert.
93 ‹Lezgen› bedeutet ‹Lektion›, oft auch im Sinne der heutigen ‹Klasse› gebraucht. Wie Ott sagt, wies die Lateinschule einmal sechs Klassen auf, von 1601 an, allerdings nur der Schola Carolina, da die Parallelschule am Fraumünster damals aufgehoben bzw. durch ein einjähriges ‹Mittelstudium› ersetzt worden war, das vorher nicht existiert hatte. Wirz I 243: «Daher wird dieses Collegium noch heut zu Tag die siebende Lezgen genennt.» 1634 wurde die Schola Abbatissana wiederhergestellt, seit 1669 wiesen beide Lateinschulen je fünf Parallelklassen auf, dazu kam das Collegium humanitatis am Fraumünster mit zwei Jahresstufen, Wirz I 254.
94 Sulpicius Severus, 360-425, einer der Kirchenväter.
95 Johann Heinrich Fries, 1639-1718, 1676 Prof. der Katechese, 1684 der klassischen Sprachen.

96 Marcus Frid. Wendelin, Institutiones logicae tironum adolescentum captui accomodatae, Zürich 1670. Markus Beumler (s. Anm. 67), Elocutionis rhetoricae libri II, 1598.
97 Johann Jakob Lavater, 1657-1725, 1697 Professor.
98 Johann Rudolf Lavater, geb. 1656, Prof. 1697.
99 Johann Heinrich Hottinger, 1620-1667, berühmter Orientalist, Grammaticae linguae sanctae libri II, 2.Ed. 1667. Genesis = das 1. Buch Moses.
100 Johann Rudolf Cramer (sic!), 1678-1737, Prof. des Hebräischen 1702, der Theologie 1725.
101 So nennt Lavater das Collegium Carolinum am Großmünster, die theologische Hochschule, Zwinglis ‹Prophezey›, auch Lectorium oder Collegium Publicum genannt, Schmid S. 257.
102 horae canonicae, die die Chorherren des Großmünsters vor der Reformation zu beten bzw. zu singen hatten, Wirz I 101: «die Zeit, die man vorhin zu der Prim, Terz und Sext gebraucht hat.
103 Die Vulgata (d.i. die allgemein eingeführte) ist die heute noch benützte lateinische Bibelübersetzung des Hieronymus, der von 331 bis 420 lebte.
104 Ceporin, Jakob Wiesendanger, 1499-1525, sowie Konrad Pellikan, 1478-1556, beide Mitarbeiter an der Zürcher Bibel.
105 Die hebräische Wahrheit: der hebr. Urtext des Alten Testaments. Septuaginta (lat.: siebzig) die griechische Bibelübersetzung, die nach dem Urtext von siebzig gelehrten Juden in Alexandreia gleichlautend hergestellt worden sein soll.
106 Bibliander, Theodor Buchmann, gest. 1564, Orientalist und Alttestamentler.
107 Peter Martyr Vermigli, einer der bedeutendsten Schüler Calvins, 1497-1565, aus Italien 1542 ausgewandert, verdrängte Bibliander in Zürich 1560.
108 Johann Jacob Amman, 1500-1573, Mitarbeiter an der Zürcher Bibel.
109 Konrad Gessner, 1516-1565, Dr. med., Prof. der Physik 1541, berühmter Universalgelehrter, war mit Ludwig Lavater befreundet, vgl. Stucki (s. Anm. 1).
110 Josias Sim(m)ler, 1530-1576, Prof. 1552.
111 Rudolf Collin (Ambühl), 1499-1578, Mitarbeiter an der Zürcher Bibel.
112 auditores publici: Zur Zeit der Prophezey sprach man von lectiones publicae, öffentlichen Vorlesungen, da sie allgemein zugänglich waren; nicht nur Studenten, sondern auch Pfarrer und weitere Interessenten waren als Hörer erwünscht. Daher hieß auch das Collegium Carolinum Lectorium publicum, doch nun verband sich mit dem Wort publicus immer mehr die Bedeutung ‹studentisch› bzw. ‹Student›, s. U. Ernst (s. Anm.10) S. 97.

113 Vgl. Anm. 101 und 9. Später auch Rektor des Carolinums genannt.
114 Hans Heinrich Heidegger, 1633-1698, gab 1700 ein Corpus theologiae christianae heraus.
115 Ott schreibt‹Ontosophie›. – Johann Rudolf Lavater, 1579-1625, schrieb 1605 eine Disputatio metaphysica.
116 Ott sagt «Timotheen» nach Timotheus, dem Schüler des Apostels Paulus.
117 Homiletik.
118 Es handelt sich um eine Predigtübung, gehalten durch einen Studenten, nicht um einen öffentlichen Gottesdienst.
119 Johann Caspar Wolf, s. Anm. 22.
  Johann Jakob Hottinger, s. Anm. 24.
  Johann Heinrich Schwyzer, 1646-1705, Professor der griechischen Sprache 1684, dazu noch des Hebräischen (der heiligen Philol.) 1692.
  Johannes Muralt, 1645-1733, Prof. 1691.
  Salomon Hottinger, 1649-1713, Prof. 1691, lehrte auch Mathematik.
  Johann Rudolf Ott, 1642-1716, Prof. 1680.
  Johann Caspar Hofmeister, 1655-1731, Prof. 1684.
  Johann Rudolf Lavater, s. Anm. 98.
  Johann Baptist Ott s. Einführung S. II.
  David Holzhalb, 1677-1731, hatte die Bibellektüre, wie sie Ott LO 79 schildert, im Nebenamt zu betreuen, Prof. 1705.
120 Eigentlich ‹in Altertümern›, womit vor allem Kenntnis des öffentlichen und privaten Lebens der Alten bezeichnet wird.
121 Karlstag ist der 28. Januar, Felix und Regula der 11. September. Ein Beispiel einer Rede zum Karlstag ist die Rede Bullingers 1544, vgl. Fritz Büsser, De prophetae officio, eine Gedenkrede Bullingers auf Zwingli. In: Festgabe Leonhard von Muralt zum 70. Geburtstag, Zürich 1970, S. 245-257.
122 Mit vigilia wird eigentlich die Nacht vor einem hohen Fest bezeichnet.
123 Die Stiftsbibliothek, 1835 in die Kantonsbibliothek übernommen.
124 Die Stadtbibliothek, 1916 zusammen mit der Kantonsbibliothek zur Zentralbibliothek Zürich vereinigt.
125 Thomannische Stiftung nach Agnes Thom(m)ann, die 1607 von Antistes Breitinger zu dieser Stipendienstiftung veranlaßt wurde, Wirz I 388.
126 Das Fraumünsterstift.
127 Vgl. Schmid S. 114.
128 Eigentlich ‹für einen Piemontesen›, vgl. Schmid S. 178.
129 Inspector alumnorum, deutsch Zuchtherr genannt.
130 Wirz I 384: Brügger-Fonds «stiftete 1548 ein gewisser Kanonikus Brügger von Zurzach, der zur Zeit der Reformation von dem Zürcherischen Magistrat aus den Händen seiner Feinde befreyet ward, zur Unterstützung armer Studierender.»

131 Wirz I 381: Stipendium der vier Brote, welches darin besteht, daß 30 Stipendiaten jeder wöchentlich 4 Brote (jedes à 2¼ Pfund) und 2 Schilling an Geld empfangen.
132 Das Chorherrenstift am Großmünster.
133 Der Propst oder Stiftsverwalter, der die Einkünfte verwaltete und die schulische und kirchliche Tätigkeit des Chorherrenstifts zu überwachen hatte, Wirz II 425.
134 Der ‹Obmann gemeiner Klöster› hatte seit 1557 seinen Sitz im Obmannamt (Hirschengraben 13, heute Obergerichtsgebäude), das im 13. Jahrhundert als Barfüßerkloster erbaut worden war.
135 an der Augustinergasse; das Kloster war um 1270 errichtet worden.
136 Der Verwalter des ‹Almosenamtes›. Der Rat hatte unter Zwinglis Einfluß schon 1525 eine sog. Almosenordnung eingeführt, vgl. Schmid S. 114.
137 so bei Ott deutsch. – Das Hinteramt lag am Münzplatz 3.
138 Das Kloster war 1286 vom Oetenbach (Hornbach) in die Stadt (Oetenbachgasse) verlegt worden, 1902/03 abgetragen.
139 Bullinger, Bibliographie Staedtke (s. Anm.7) 159: Ad Joannis Cochlei de canonicae scripturae et catholicae ecclesiae autoritate libellum responsio, Zürich 1544 (Froschauer).
140 Schmid S. 114 f.: Verbot des Bettelns in der neuen Almosenordnung 1525. Kirchenkollekten seit 1558, also unmittelbar vor Abfassung von Lavaters Bericht.
141 Vgl. LO 89.
142 Vgl. LO 90.
143 Syphilis
143a St. Jakob an der Sihl und Spanweid (s. Anm.31)
144 D.h. den Kirchenpflegern.
145 Heute Spendgut genannt.
146 Der nicht amtierende Bürgermeister oder ein Statthalter (Schmid S. 223).
147 Jeder einzelne Pfarrer mußte also, wenn die Reihe an ihn kam, den Sitzungssaal verlassen.
148 Schmid S. 223: «Bis 1703 regelmäßig am ersten Montag nach dem 1. Mai und am ersten Montag nach dem 16. Oktober», dem Namenstag des Gallus.
148a Ordnung der Dieneren der Kirchen, in der Statt und auf der Landschaft Zürich: Erneueret und in Truck verfertiget vom 24. März 1679 (Abschnitt ‹Von dem Amt eines verordneten Decani›).
149 D.h. den Stadtpfarrern.
150 Das ‹Presbyterium›, eigentlich die ‹Kirchenältesten›.
151 Der Pfarrer behält die Mitglieder der Behörde nach der Predigt zurück, sie ‹stehen still›. So hieß die Kirchenpflege bis 1861, Schmid S. 185.

152 Schmid S. 184.
153 Von Ott kurz ‹Reformation› genannt. Vgl. Schmid S. 169; Christoph Wehrli, Die Reformationskammer, das Zürcher Sittengericht des 17. und 18. Jahrhunderts, Diss. Zürich 1963.
154 Gegen teure Gastmähler gerichtet.
155 Vgl. Schmid S. 307 ff.
156 Über Feldprediger s. Schmid S. 146 ff.
157 Pfarrer und Mitglieder des Rates bildeten die ‹Kammer der Büchercensur›.
158 1. Thess. 5, 21.
159 Vgl. Schmid S. 93.
160 Zum Ehegericht vgl. Schmid S. 184; Küngolt Kilchenmann, Die Organisation des zürcherischen Ehegerichts zu Zeit Zwinglis, Diss. Zürich 1946.
161 Vgl. Peter Ziegler, Zürcher Sittenmandate, Zürich 1978.
162 Vgl. Schmid S. 105 f.
163 D.h. der Zunft, welcher der Verstorbene angehört hat, Schmid S. 98.
164 Daher der Ausdruck ‹Abdankung›.
165 Entsprechend den vier Stadtkirchen.
166 Um die Ruhe der Toten nicht zu stören.
167 Ludwig Lavater.

Bildernachweis

Auf S. 2: Das Titelblatt der Originalausgabe von 1702.
Das Bild Ludwig Lavaters auf S. 4 stammt aus dem Neujahrsblatt 1832 der Gesellschaft auf der Chorherrenstube. Das Bild Johann Baptist Otts auf S. 8 stammt wie alle andern aus der Graphischen Sammlung der Zentralbibliothek Zürich. Auf den Seiten der aufgeschlagenen Bibel steht: Psalm 119 Lucerna pedibus meis verbum tuum et lumen semitis meis (Dein Wort ist meines Fußes Leuchte und ein Licht auf meinen Wegen).
Die Bilder auf den Seiten 21, 62 und 114 sind Wiedergaben aus «Heilige ceremonien, gottesdienstliche Kirchenübungen und Gewohnheiten der heutigen reformierten Kirchen der Stadt und Landschaft Zürich, durch David Herrliberger in schönen Kupfer-Tafeln vorgestellet und mit einer zuverlässigen Beschreibung begleitet; in drey Abschnitten Zürich verlegts David Herrliberger MDCCL.»

Nachwort

Die Anregung zur vorliegenden Übersetzung ging von Gotthard Schmid, damals Pfarrer am St. Peter in Zürich und Mitglied des Zürcher Kirchenrates, aus. Leider verzögerte sich die Fertigstellung immer wieder, so dass ich die abgeschlossene Arbeit nur noch seinem Andenken widmen kann. Für mannigfache Hinweise danke ich meinem Kollegen Prof. Dr. Karl Heinz Wyss. Ehrenhalber nenne ich schließlich meine ehemaligen Schüler Christoph Aisslinger, Franz Cavigelli, Jann Andrea Cloetta, Ulrich Keller und Hansjörg Schriber, die sich mit größerem oder geringerem Erfolg im Rahmen einer Semesterarbeit an der Übersetzung ausgewählter Abschnitte des lateinischen Textes versuchten.

G. A. Keller

Register

Die Ziffern beziehen sich auf die Seitenzahlen von Lavater-Ott, die der Übersetzung des lateinischen Originals am Rand beigedruckt sind.

Abendmahl 24, 52ff., 63, 112
Absolution 62f.
Abt 6, 8, 51
Albisrieden 15
Allgäu 17
Almosen 31, 85, 88ff., 91ff.
Altertumswissenschaft 81
Alumnen 77f., 85, 89
Amian = Amman 76
Amtmann eines Klosters 93f.
Amtseid 95f., 99, 110f.
Anarchie 105
Anhorn 46
Anglikanische Konfession S. 6
Antistes (Hauptpfarrer, Obrist-Pfarrer) 1, 3, 4, 7, 10, 11, 26, 39, 84, 95ff.
Antistitium 21
Apostel 22, 25, 93, 108, 116
Archidiakon 14, 37f., 104
Armenküche 92
Auffahrt 24f.
Augustiner 89, 92

Baden, Markgrafschaft 25
Barfüßerkloster 89
Behörde (Bürgermeister, Obrigkeit, Rat, Regierung) 3, 6, 8ff., 13f., 21, 28, 32, 35, 40, 45, 64, 72, 83ff., 87f., 91, 93, 95ff., 102, 104, 106ff., 110ff., 114
Beichte 62f.
Beschneidung Christi 23, 25
Bestattung 41, 113ff.
Bettler 91, 93
Beumler 46, 74
Bezirk s. Pfarrkapitel

Bibel 1ff., 5, 29, 40, 45, 62, 75, 79ff., 95f., 107
Bibliander 76
Bibliothek 74, 82ff.
Bischof 8, 18, 108
Bischofberger 46
Bordelle 101
Breitinger 12
Brunner Kaspar 14
Buchdruckerei 106f.
Bücherzensoren 106f.
Bücherverteilung 84
Bullinger 10, 12, 91
Bundesgenossen 64
Burckhard 46

Ceporin 75
Chilbi 82
Chorherrenstift 8, 13, 87ff.
Cochleus 91
Collegium Abbatissanum humanitatis 73, 82, 85
  Carolinum publicum 75ff., 82, 84
Collin 76

Degen 59
Dekan 5ff., 9f., 12, 15, 26, 95, 97f., 100
Dekretion 2
Diakon 7, 11, 15, 20, 37ff., 45, 50f., 53ff., 60f., 71, 87, 104
Diener am Wort, Diener der Kirche (vgl. Pfarrer) 1f., 4f., 11, 32, 34, 52ff., 61, 78, 86f., 95, 100, 104f., 108, 110
Dispensation 109
Disputation 101
Dreifaltigkeit 4
Drelincourt 46

Eheeinsegnung 4, 38, 41, 64ff.
Ehegaumer 102
Ehegericht 28, 50, 69f., 101, 103, 108f.
Eheregister 20, 69
Eheverkündung 69
Ehevertrag 65
Eidgenossenschaft 28
Einsiedeln 8
Elgg 16
Embrach 90
Engländer 18
Englischer Gruß 31
Erni 12
Erzväter 67f.
Examen 1ff., 77f., 81f.
Examinatoren-Kollegium 2f., 5f., 8f., 12, 70, 100
Exkommunikation 63f.
Exspektanten 2, 5f., 13, 19, 38f., 99

Fasten 26, 37, 43
Feier- und Festtage 23f., 43, 64
Felix und Regula 82
Filialgemeinden 15, 20
Franziskaner 89
Franzosen 20, 41
Franzosenkrankheit 92
Frauenfeld 16
Fraumünster 15, 20, 41, 82
Fraumünsterstift 89
Freiamtskapitel 16
Friedhof 114f.
Fries 73
Fürbitte 29, 33
Fürsten 8, 17, 28
Fußwaschung 24, 57

Gebete 23f., 26
Gebetsformulare 4, 28f., 30ff., 46f., 53ff., 65ff., 116
Gemeinden 8
Gemeindeversammlung 8
Gesang 38, 40, 42, 50, 84
Geschenke 51
Geschworene 94
Gessner Joh. Jak. 14; Konrad 76
Glaubensbekenntnis apostol. 31, 44, 54
Glocken 27, 114
Gotte, Götti 51
Griechisch 1f., 71, 73, 75ff., 79f.
Groenenbach = Grunenbach 17
Großmünster 5, 8, 14, 20, 27, 37ff., 44, 59, 82, 84, 111
Gwalter 12
Gymnasium 75f., 78

Hebamme 50
Hebräisch 1, 3, 74ff., 80f.
Heidegger 79
Heilige 31, 43
Helvetisches Bekenntnis S. 4; 5, 99
Herberge s. Spital
Herbishofen 17
Hinteramt 90
Hinrichtung 102ff.
Hofmeister Joh. Caspar 81; Wilhelm 14
Holzhalb 81
Hottinger Jakob 14, 74, 81; Salomon 81
Hugenotten s. Franzosen
Hundstagsferien 82
Hungersnot 89

Inspektor der Alumnen 85f.
Intendent 82
Invalide 89, 94
Irminger 12

Kammerer 12, 15
Kanzelrock s. Tock
Kaplan 87
Kappel 90, 106
Karfreitag 24f., 59
Karl der Große 82f., 98
Karsamstag 24f.
Katechisation (Katechismuspredigt, Unterweisung) 36f., 39, 43ff., 59f.
Katechismus 26, 43, 45, 71f.
Katechumenen s. Unterweisungsschüler
Katholisch (Katholiken, päpstlich) 17, 25f., 41, 60, 62, 108
Kempten 17
Ketzerei 108
Kirchen,
 Ausstattung 19, 116
 auswärtige 100
 Bauten 87
Kirchengeschichte 80
Kirchengut 72, 87ff., 92, 94
Kirchenpflege 61, 94, 102
Kirchenväter 30
Kirchenzucht 101ff.
Klingler 12, 14
Knechte 31, 114
Knien 40, 55, 65
Kollatur 6, 9
Kollekte 91, 93f.
Konstanz, Stadt 8, 108
Konvertiten 45
Kornamt 90
Kramer 74
Krankenpflege 111ff.
Kreuzkirche 15
Krieg 105f.
Küsnacht 90

Landvogt 1f., 43, 70f., 73, 75ff., 98
Latein 1f., 43, 70f, 73, 75ff., 98
Lavater
 Johann Jakob 74
 Joh. Rudolf (*1579) 79
 Joh. Rudolf (*1656) 74, 81

Lectio continua 30, 39
Lectorium publicum s. Collegium Carolinum
Leemann 12
Lehrer 13f., 39, 44f., 61, 70, 72, 78
Leichbuch s. Totenregister
Leprakrankenhäuser 88, 92
Leviten 105
Lezgen, die siebend 73
Liturgie (vgl. Gebete) 40ff.
Lobwassersche Psalmen 43
Ludi moderator 73
Ludwig der Deutsche 85

Mägde 31
Marienfeste 25
Märtyrerfeste 25
Mathematik 81
Meyer 46
Ministerium 5, 15, 100
Mittelstudium 73
Mönche 87, 89
Müller Joh. Jakob 12
Muralt 81
Musik 19, 22

Naturwissenschaften 76, 79, 81
Niederländische Unruhen 42
Noah 47, 67
Nonnen 87

Obervogt 9, 102
Obmann gemeiner Klöster 13
Obmannamt 89
Obrigkeit s. Behörde
Oetenbach 15, 21, 90
Orgeln 19, 21f., 116
Orte, Reformierte 26
Ostern 23ff., 59, 82
Ott Johann Baptist 81; Joh. Rudolf 81

Patronatsrecht 6, 8
Pellikan 75
Pfarrer,
  allgemein 10f., 96f., 100, 111
  Absetzung 7, 9, 11
  auswärtige 96, 99
  Berufung 6ff., 11
  Besoldung 18, 98
  der Nachbargemeinde 6, 9, 11, 95, 97
  Einsetzung 6ff.
  Feldprediger 105f.
  Kleidung 17f., 116
  Probepredigt 3
  am St. Peter 7
  Stadtpfarrer 97f., 100, 102
  Visitation 98
  Zensur 97, 99
Pfarrkapitel 10ff., 15, 16, 92, 94f., 98, 100f.
Pfarrkollegien 12
Pfingsten 24f., 59, 82
Pharao 47
Predigerkirche 14, 20
Predigtgottesdienst 27, 36f., 40
Priester 87
Professoren 1,3, 12ff., 61, 73f., 75ff., 81f., 87, 100f.
Profosse der Bettler 93
Prosynode 98
Psalmengesang (vgl. Gesang) 22, 43f., 72, 99

Rechtswissenschaft 81
Reden 82, 98
Reformationskammer 103
Regensberg 16
Rektor 82
Religionsfrieden 26
Rheintaler Gemeinden 8, 16, 25, 51, 60
Rodel der Haushaltungen 21
Rüti 90

Sakramente S. 1; 4, 11, 44f., 116
St. Blasien 8
St. Gallen 8, 51
St. Moritzkapelle 15
St. Peter 7f., 20, 38, 59
Satan 111
Schola Abbatissana 73, 89
  Carolina 73
Schreiber der Kapitel 15
Schulen,
  allgemein 70ff.
  deutsche 39, 44, 70ff.
  Grundschulen 39, 70ff.
  lateinische 39, 44, 70f., 73
  Landschulen 71
  Nachtschulen 72
Schulgeld 72
Schulherr 2, 14, 78, 82, 84
Schulherren, Kollegium der obersten 13
Schulvorsteher, Kollegium der 14, 71f.
Schulwesen 13f., 70ff.
Schwamendingen 15
Schwyzer Joh. Hch. 81
Sektierer 104
Siechenhaus St. Jakob 15, 88
Sim(m)ler Joh. Rudolf 14; Josias 76
Soldaten 105 f.
Spital Predigern 15, 20, 88f., 91f.
Staatskasse 86f.
Stadtkirchen 15, 21, 27, 37ff., 60, 99
Stadtschreiber 99f., 111
Steckborn 16
Stein a.Rh. 16, 43, 90
Stiftspropst 13, 89
Stillstand s. Kirchenpflege
Stipendien 84 ff.
Studenten 53, 73, 77ff., 84ff., 87
Stumpf 12
Stundengebete 75
Sündenbekenntnis 30f., 33f., 40, 62
Synode 11, 15f., 40, 95ff.

Taufbuch 20, 49f.
Taufe 46ff.
Täufer s. Wiedertäufer
Teufelsaustreibung 49
Thommanische Stiftung 84
Thurgauer Gemeinden 8, 16, 25, 51, 60
Tock (Kanzelrock) 5, 18
Töss 90
Totenregister 20
Trauung s. Eheeinsegnung
Türken 35

Uitikon 15
Ulrich
  Joh. Jakob (Antistes) 12
  Joh. Jakob (Pfarrer) 14
  Heinrich 15
Unser Vater 29, 31, 33f., 40, 44, 55
Unterstützung durch vier Brote 86
Untertanen 7, 64, 110, 114
Unterweisungsschüler 20, 36
Usher 18

Verbrechen 103
Verdienstgedanken 27
Verlobung 64f., 69
Vermigli 76
Verwalter
  des Almosenamtes 92f.
  des Kirchengutes 61, 87ff., 90
Verwandtschaftsgrade 109
Verstorbene 30
Vikar 11, 38f.
Visitationsakten 98
Vorlesungen s. Collegium Carolinum

Waisenhaus s. Oetenbach
Waisenvater 90
Waldenser 85
Waser Kaspar 12
Wasserkirche 83
Wendelin 74
Weihnachten 23, 25, 59, 82
Werdmüller Bernhard 15; Johann 15
Wettingen 8
Wetzikon 16
Wiedertäufer 49, 104
Winterthur 16, 43, 90
Wipkingen 15
Witikon 15
Witwen der Pfarrer 86, 98
Wolf Joh. Caspar 13, 81; Melchior 15
Wollishofen 15
Wyss 46, 74

Zauberei 103, 107
Zehn Gebote 31, 44f.
Zehnten 8, 14, 18
Zeller Heinrich 67; Peter 15
Zensoren 101
Zeremonien 22f.
Zollikon 15, 38
Zuchthaus s. Oetenbach
Zumikon 15
Zunft, Zünfter 113
Zürichseekapitel 16
Zwingli S. 1; 10, 12, 75, 106

Inhalt

		Seite
	Zur Einführung......................	5
	Vorwort von Johann Baptist Ott.........	9
	Vorwort von Ludwig Lavater...........	15
	Die Gebräuche und Einrichtungen der Zürcher Kirche......................	17
I	Das theologische Examen..............	19
II	Die Berufung und Einsetzung der Pfarrer...	24
III	Der Pfarrerstand.....................	27
IV	Die Kleidung der Pfarrer...............	33
V	Die Besoldung.......................	34
VI	Die Kirchen.........................	35
VII	Die Zeremonien.....................	37
VIII	Die Feier- und Festtage................	38
IX	Predigt und Gebet....................	42
X	Der Kirchengesang...................	53
XI	Die Unterweisung der Kinder...........	55
XII	Die Taufe...........................	57
XIII	Das Abendmahl......................	61
XIV	Einzelbeichte und Absolution...........	70
XV	Ausschluß vom Abendmahl.............	72
XVI	Einsegnung der Ehe...................	73
XVII	Die Schulen.........................	77
XVIII	Öffentliche Vorlesungen...............	81
XIX	Die Bibliothek.......................	87
XX	Die Kollegien und die Stipendiaten der Kirche.............................	89
XXI	Die Kirchengüter.....................	91
XXII	Das Almosenwesen...................	94

XXIII	Die Synode	98
XXIV	Die Kirchenzucht	103
XXV	Bestrafung von Sektierern	105
XXVI	Kriege	106
XXVII	Buchdruckereien	107
XXVIII	Gegnerische Schriften	108
XXIX	Das Ehegericht	109
XXX	Die staatlichen Behörden	111
XXXI	Krankenpflege und Krankenbesuch	112
XXXII	Begräbnis und Abdankung	113
XXXIII	Friedhöfe	116
	Schlußwort	117
	Anmerkungen	118
	Bildernachweis	127
	Nachwort	128
	Register	129

CIP-Kurztitelaufnahme der Deutschen Bibliothek

LAVATER, LUDWIG:
Die Gebräuche und Einrichtungen der Zürcher Kirche / Ludwig Lavater. Johann Baptist Ott. Aus d. Lat. übers. u. erl. von Gottfried Albert Keller. – Zürich: Theologischer Verlag, 1987.
Einheitssacht.: De ritibus et institutis ecclesiae Tigurinae ⟨dt.⟩

ISBN 3-290-11590-9

NE: Ott, Johann Baptist [Bearb.]

© 1987 Theologischer Verlag Zürich
Alle Rechte vorberhalten.

Ebenfalls im Theologischen Verlag Zürich erschienen

Hans-Dietrich Altendorf/Peter Jezler (Herausgeber)
BILDERSTREIT
Kulturwandel in Zwinglis Reformation

160 Seiten, illustriert, Pappband
ISBN 3-290-11555-0

Der Zürcher Bilderstreit steht am Anfang eines Umbruchs von europäischer Dimension, in dessen Verlauf eine aufwendige, sinnlich geprägte Volks- und Festkultur durch eine sparsame, ernste Rationalität abgelöst wird. – Im Zusammenwirken von biblischem Sendungsbewußtsein, sozialen Forderungen, wirtschaftlichem Druck und politischem Kalkül erfolgt der Angriff auf die Bilder, auf die ersten Exponenten der anfechtbaren, alten Lebenshaltung. Eine außerordentlich günstige Quellenlage gibt Anlaß dazu, Zürich als Modellfall zu durchleuchten.

Mit dem Sammelband wird erstmals der Versuch unternommen, einen reformatorischen Bilderstreit in großer Breite und an konkreten Objekten und Auswirkungen darzustellen. Die elf Einzeluntersuchungen erschließen ein reiches (z. T. unbekanntes) Quellen-Material und zeigen jenen Teil der Reformation, der damals für jedermann unmittelbar sicht- und greifbar wurde.

1484 · 1984 ZWINGLI UND DIE ZÜRCHER REFORMATION
herausgegeben von Fritz Büsser, Rudolf Schnyder, Matthias Senn und Heinzpeter Stucki

96 Seiten, illustriert, Broschur
ISBN 3-290-11560-7

Die offizielle Publikation zur Ausstellung im Herbst 1984 enthält knappe Texte und sprechende Illustrationen zu Themen wie (u. a.):
Die Zürcher Reformation (Zürich, die Schweiz und Europa um 1500 / Die Kirche in Zürich um 1500 / Die reformierte Kirche / Politische Auswirkungen auf die Eidgenossenschaft), Der Zürcher Reformator Huldrych Zwingli (Zwinglis Jugend- und Studienjahre / Zwingli in Glarus und Einsiedeln / Zwingli in Zürich / Mitarbeiter Zwinglis und Weiterführung der Reformation / Zwingli, die Zürcher Reformation und die Entwicklung der modernen Welt).

Diese Kirchengeschichte bietet nichts weniger als eine umfassende Darstellung des Christentums auf dem Gebiet der heutigen Schweiz. Dabei kommt die Vielfalt der Vorgänge voll zum Zug und vermag den Nichteingeweihten und den Fachmann gleichermassen zu faszinieren.

Rudolf Pfister

Kirchengeschichte der Schweiz

Band 1: Von den Anfängen bis zum Ausgang des Mittelalters.
574 Seiten, gebunden, ISBN 3-290-11182-2

Band 2: Von der Reformation bis zum 2. Villmerger Krieg
756 Seiten, gebunden, ISBN 3-290-11328-0

Band 3: Von 1720 bis 1950
512 Seiten, gebunden, ISBN 3-29-11545-3

Theologischer Verlag Zürich

DIE ZÜRCHER BIBEL VON 1531

«Die ganze Bibel der ursprünglichen Ebraischen und Griechischen waarheyt nach auffs aller treüwlichest verteütschet.
Gedruckt zu Zürich bey Christoffel Froschouer im Jar als man zalt M.D.XXXI.»

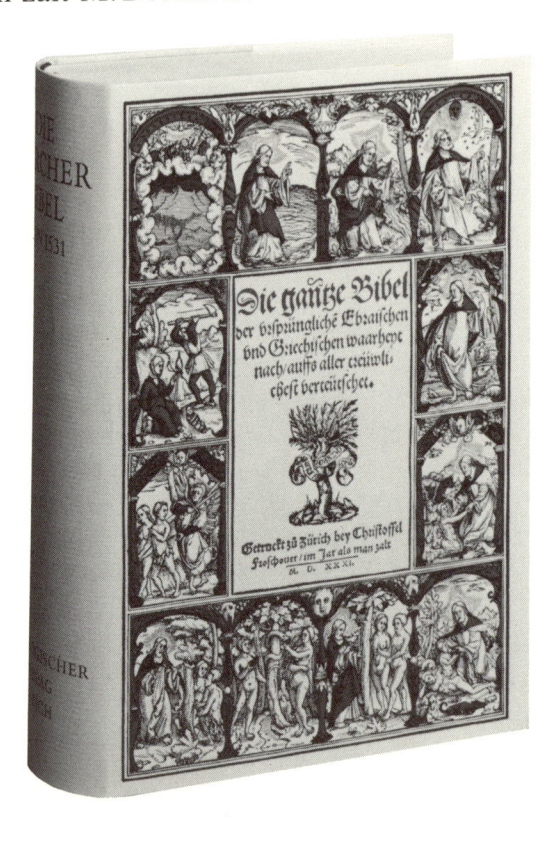

Auf 17 × 25 cm verkleinerte faksimilierte Ausgabe.
1376 Seiten, Leinenband mit Schutzumschlag.
ISBN 3-290-11529-1

Theologischer Verlag Zürich